MAKE
WORLDWIDE
CONNECTIONS

世界の実業家・中東の王子と

人脈を創れ！

タイムリミットは大阪万博まで！

川合正育 KAWAI MIKE

幻冬舎MC

世界の実業家・中東の王子と

人脈を創れ！

タイムリミットは大阪万博まで！

はじめに

学校が嫌ならオランダへ行け！

小さい頃から、父は細かいことにはあまり口やかましく言わなかった。

なんでも「自分で考えろ！」と言って自由にやらせてくれた。高校生の頃、学校を友人とサボったことがバレて、学校に呼び出されたときには、

「学校の勉強だけやっていても、世の中へ出たら役に立たない。友を大事にするほうがよっぽど役に立つんじゃないですか？」

と啖呵《たんか》を切って、先生たちをあきれさせた。


父がある日突然、こう言った。

「もう、勉強はええから、外の世界に出ろ」

一瞬、何を言っているのか分からなかった。

そんな私を見て、父は続けた。

「学校の勉強が嫌なら高校へ行っても仕方がない。障害馬術の騎手として海外でも行ってきたらどう

や？　オランダのヤン・トップス氏の厩舎《きゅうしゃ》は、日本では見られない大きな規模だし、ヤン氏のもとでトレーニングすれば、馬術だけでなく経営の参考にもなる」

ヤン・トップス氏は、オランダの元障害馬術騎手で、１９９２年のバルセロナオリンピックで金メダルを獲得した人物だ。その後、選手から障害馬術のアリーナ運営と選手の育成を行うビジネスマンとして、華麗なる転身を果たしている。高級時計ブランドの「ＬＯＮＧＩＮＥＳ（ロンジン）」をスポンサーにつけ、障害馬術競技のワールドツアー「Longines Global Champions Tour（ロンジン・グローバル・チャンピオンズ・ツアー）」（通称・ＬＧＣＴ）を創立するなど、今や世界一の「ホース・ビジネスマン」とも称されている。

私の父、川合善大《よしお》は大阪で会社経営をしていて、私はその跡を継ぐことになっていた。だから、オランダのヤン氏のもとで経営を学んでこい、というわけだ。

4歳で障害馬術を始め、中学生から本格的にトレーニングを続けていた私は、何も考えずに
「やった！　世界トップクラスのトレーニングを受けられる！」
と期待して、すぐに行動に移した。
２０１６年夏、高校3年生だった私は学校を退学し、スーツケースを一つだけ持って、日本を飛び出しオランダへ向かった。中にはスマートフォンと財布、少しの着替えだけ。航空券はとりあえず、片道だけしか買わなかった。いつ日本に帰るかは分からなかったから。とにかく、何か煮え切らない

日常から飛び立ちたかった。

名門スタール・トップス

オランダのアムステルダム・スキポール空港に着いたのは、現地時間で午後3時を過ぎた頃だった。

空港からタクシーで1時間ほど南に下った「ファルケンスワールト」という町に、ヤン氏が経営する厩舎「Stal Tops（スタール・トップス）」はある。当時、私は、オランダ語も英語もほとんど話せなかったので、スマートフォンに翻訳してもらい、運転手に行先を告げた。


タクシーの窓から初めて見るオランダの街並みはとても美しかった。

街中の道路は石畳で整備されており、植栽もきれいに刈り整えられている。郊外に出ると、緑の絨《じゅう》毯《たん》みたいな畑が広がり、その奥には森が見えた。

しばらくすると、広大な敷地のなかに高いアリーナ席の屋根が見えた。近づくにつれ、ガラス張りの建物と、管制塔のようなものも見えた。

日本を飛び立ってから12時間半――。

スタール・トップスは壮麗な施設だった。

石造りの門柱に分厚い木製の門扉。その前にタクシーが止まると、門の前に列ができていたので、私はとりあえずその列に並んだ。

普段は部外者がフラッとやって来て入れるような施設ではないのだが、その日は障害馬術の大会を開催していたので、入口でチケットさえ買えば、誰でも敷地内に入ることができたのだった。

施設のなかは、観客と馬術競技関係者たちでごった返していた。

人種や年齢もさまざまで、日本の大会では感じたことのない熱気に「障害馬術の本場」に来たと実感した。

「ヤンさんを見つけなければ」

広い施設内をウロウロと歩き回るが、オランダ人はヨーロッパ人のなかでも背が高かった。当時、身長173㎝だった私の視界には大人たちの背中のあたりしか見えない。そんな状態でヤン・トップス氏を見つけ出すのはほとんど不可能だと思えた。途方に暮れかけたとき、日本の乗馬クラブで見かけたことがある白人男性を偶然見つけた。

「ハーイ」と挨拶をすると、相手はひどく驚いたようだった。

日本人の少年が、なぜこんなところにいるのか、と思ったのだろう。

「父親はどこにいるんだ?」

と相手は尋ねてきた。

「今日は一緒じゃありません。1人で来たので」

スマートフォンの翻訳機能を利用して、どうにかそう答えると、彼はさらに驚いた。

「ヤン・トップスさんはどこにいますか?」

「ああ、ヤンさんなら準備運動場にいるよ」


私は礼を言うと、彼が指差した方向に進んでいった。すると、以前写真で見たのと同じ、茶色の髪を横分けにした、少し恰幅《かっぷく》のいい男性の姿が見えた。

――ヤン・トップス氏がそこにいた。

馬場の柵にもたれ、競技の関係者らしき人たちに囲まれて談笑している最中だった。

私がヤン氏の肩をトントンと叩くと、彼はこちらを振り向いてくれた。

「ハロー」と声を掛け、私はあらかじめ英語で書いてきた手紙をヤン氏に見せた。

「I want to ride a horse in your stable.」(私は、あなたの厩舎で馬に乗りたい)

「I want to win a gold medal at the Tokyo Olympics.」(東京オリンピックで金メダルを取りたい)

そう書かれた手紙を読むと、ヤン氏は笑顔を見せた。

アラブの王族と同じくらい出すと言え

それが私と彼との出会いだった。

その後、ヤン氏は私に話し掛けてきたが、当時の私は英語が分からなかったので、ポケットからスマートフォンを取り出して、翻訳アプリを起動し、彼に手渡した。

彼が言うには、今はアリーナで競技が行われているので、そのあとであれば時間を取れるとのことだった。

大会後、私はさっそく、ヤン氏のもとを訪れた。

招かれたのはアリーナに隣接するＶＩＰルームだった。そこには大きなテーブルが置いてあり、ヤン氏と奥さんのエドウィナ、彼女の両親など、10人くらいが席に着いていた。

私はその真ん中の席に座るよう促され、緊張しながら椅子に腰掛けた。

言葉も分からないオランダで、初対面の大人に囲まれながら待っていると、ヤン氏はモニターに馬のＶＴＲを映し出した。

どうやら、何歳のどのような馬で、値段はいくらくらいと説明しているようだ。

「これは、馬を買いに来たと勘違いされているかもしれない」

そう思った私は、すぐに父に連絡をした。

事情を説明すると、父は「トレーニングに来たと伝えろ」と言った。

「馬だけじゃなくて、ここでトレーニングがしたい。東京オリンピックに出たい」

私がそう伝えると、ヤン氏はうなずいて「また、今度話そう」と言い、その日の面談は終了した。

スタール・トップスを出た私は、予約していた近くのホテルにチェックインをし、翌日、再びヤン氏のもとを訪ねた。


しかし最初の対面以来、ヤン氏には簡単には会えなかった。

ヤン氏のオフィスのあるビルに向かい、受付で「ヤン氏と面談をお願いしたい」と伝えても、「今日は時間がありません」と言われてしまう。

それから2日後の大会最終日だった。受付から「競技が終わったあとなら大丈夫」と言われたので、覚悟を決めて会いに行った。

今度はオフィスではなく厩舎に案内され、ヤン氏を待っていたら、ボディーガードがやってきていきなりチェックを受けた。ヤン氏の厩舎には数千万から数億円といった高価な馬がたくさんいるし、世界の要人もやって来ると聞く。だからチェックは当然なのだろうけど、たくましい男性に身体を探られるのはかなり怖かった。


少し遅れて、ヤン氏が厩舎にやって来た。

私は、あらためてトレーニングに来たこと、東京オリンピックの出場を目指していることを伝えたが、ヤン氏の反応は思っていたようなものではなかった。片手にスマートフォンを持ち、メールでもしているのだろうか。心ここにあらずといった感じだった。

「How much can you pay?」（いくら払えますか？）

そう聞かれ困り果てた私は、また父に連絡をした。

事情を話すと、父も驚いたようだった。ただ、決断は早い。

「アラブの王族と同じくらい出すと言え」

その言葉にまた唖然としたが、内容を伝えた瞬間、ヤン氏の態度は急変した。

それまではスマートフォンの操作の合間に私のほうを向く、という対応だったのが、いきなり真っ直ぐに私を見つめて、にこやかに話し始めたのだ。数秒前と同じ人物とは思えなかった。

まったく進まなかった話がトントン拍子に進行して、「うちで馬に乗りたいのなら、こうしてああして……」という指示もくれた。

いきなりお金の話になるとは予想もしていなかった私は、しばらく唖然とした。

日本なら、厩舎に騎手がやって来て「クラブの馬に乗せてほしい」と言ったら、それまでの戦績や所属するクラブなどをまず聞くだろう。お金の話が出てくるのは最後のほうだし、あまりに露骨な聞き方は失礼にもあたるはずだ。

ところが、父はまず、お金の話を持ち掛け、ヤン氏の興味を見事に引き付けた。ヤン氏のもとでトレーニングを受けるには、莫大な金がかかる。まず、ヤン氏を通して馬を購入しなければならないのだが、一頭あたり数億円にもなる。もちろん、世界最高峰の障害馬が用意されているが、加えて厩舎での馬の世話をお願いすることになるので、かかる費用はさらに膨れ上がるのだ。そして、そのうえで、最低でも月々数百万円のレッスン料を支払う必要がある。

英語も話せない高校生が1人でオランダに渡り、世界トップクラスといわれる厩舎の所属騎手になる、というのは容易ではないミッションのはずだった。それを可能にしたのは、結局のところお金だった。

日本で、お金の力をこれほどあからさまに感じたことはなかった。海外旅行も小さい頃から何度かしてきたが、これほど大きな金額が動く瞬間に立ち会ったのは初めてだった。日本を飛び出して最初に学んだのは、お金がもつ本当の価値だった。

こうして、なんとかヤン氏の経営するスタール・トップスで馬術を学ぶ約束を得た私は、準備をするためにいったん日本へと帰国した。

世界で人脈を創り、ビジネスを生み出せ!

その後、オランダに生活拠点を移し、障害馬術騎手として新たなスタートを切った私は、翌2017年、今度はビジネスマンとして新たな一歩を踏み出した。19歳でにちほシンクタンクホール

2021年、ロンドンで開催された「LGCT」5スター（1.45mクラス）で優勝を果たした。©Longines Global Champions Tour

ディングス（現・にちほホールディングス）の代表取締役となったのだ。とはいえ、経営についてはまったく知識がなかったので、会長である父や社員に支えられながら事業を進めることになった。代表取締役となってからはオンラインミーティングなども活用しているが、やはり重要事項の決定など、日本への一時帰国の回数も増えた。

それから3年、私はヤン氏のもとで障害馬術の腕を磨き、今ではＦＥＩ（国際馬術連盟）からＣＳＩ（Concours de Saut International）の認定を受けた世界トップレベルのクラスである5スターの競技で優勝できるようになった。２０２１年夏に開催された東京オリンピックでも、出場はかなわなかったがリザーブメンバーとして選出してもらうことができた。東京オリンピックの後はオランダに戻り、グローバル・チャンピオンズリーグという各国のプロ騎手がチームで競うリーグ戦で戦っている。日本人のリーグ参戦は私が初だ。

――だが、今でも、父からは「目的を達成できていない。日本に帰ってくるな！」と叱責されている。

父の言う目的とは「人脈を創ること」だ。障害馬術はあくまで手段。世界各国をめぐる障害馬術のワールドツアーには、王族や有名企業のオーナー、世界的なアーティストの子どもたちなども多く参加している。そこで人脈を創り、新たなビジネスを生み出してこい、ということだ。スポンサーとして支えてくれる父やグループの社員の未来のためにも、ただで帰るわけにはいかない。

あのまま日本にいたら学べなかった経験と人脈を身につけて、私にしかできないビジネスを見つけ出してみせる。

【目次】

第1章

目的を失ったときに出会った障害馬術、転機は突然やってくる

第2章

金なし、コネなし、語学力なしで訪れたオランダ障害馬術の経験だけを頼りに名門クラブに突撃

第3章

社長兼障害馬術騎手として世界を転戦
国境を越えるたびに広がる新たな出会い

第4章

何気ない会話から生まれたビジネスチャンス 世界はまだまだ日本の技術を欲しがっている

第5章

障害馬術を武器に世界を駆ける！ 新しいビジネスの種はどこにでも転がっている

序　章

渡欧中に起きた会社乗っ取り事件で、絶体絶命⁉

２０２１年、オランダにいる私の現在地

この本を執筆中の２０２１年春。私はオランダの地方都市アイントホーフェン近郊に家を借り、１人暮らしをしている。

もちろん、一番の目的は、株式会社にちほホールディングスの代表取締役として、世界中に人脈を築き、新しいビジネスを立ち上げること。そのために、多くの人と金が集まる障害馬術の世界で名を上げる努力を続けている。

どちらもまだまだ先は長いけれど、５年前にたった１人でオランダに渡ってきたときに比べれば、随分ましになったと思っている。


朝、スマートフォンのアラームで目を覚ましたら、朝食を自分で作り、１人で食べる。

朝食を終え、日本からのメールやニュースをチェックしたら、あわただしく仕度をして車で家を出る。緑に囲まれた田舎道を20分ほど走ると、所属するスタール・トップスの厩舎に着く。

スタール・トップスは世界的な厩舎だ。私はそこに持ち馬を６頭預けており、トレーニングも施設内にあるアリーナで行う。

馬の世話をしてくれるのは、私が契約した専門の厩務員（グルーム）だ。彼らに馬の様子を聞き、朝の調教が始まる。

馬の状態は毎日違うので、トレーニングのメニューはそれに合わせて選ぶ必要がある。軽く歩かせたり、思い切り走らせたり。馬と私、お互いのコンディションを確認したら、コースでジャンプの練習に入る。どんなことをさせるのかはコーチと相談して決める。

日本でも日本人コーチに指導を受けたことはあったが、やはり本場欧州は違うなと感じる。自分のスキルアップとともにコーチを替えていき、今は3人目のコーチに指導を受けている。

預けてある6頭の馬それぞれに乗るのに、たいていは昼ごろまでかかる。馬はとてもデリケートな動物で、数日トレーニングの間隔が開くと感覚が鈍ってしまう。そのため、毎日コンディションとフォームの確認が欠かせない。


昼食を摂り休憩したら、またメールとニュースを確認。グループの業務の多くは、すでにビジネスモデルが確立されているし、社員の多くは経験豊富なベテランなので、日々、私の経営判断が必要というわけではない。だから、私のような経営経験の未熟な若者でも、海外を拠点になんとかやっていけるのだ。

とはいえ、いずれは自分が先導しなければならない。年始には経営計画を発表しなければならないので、常に頭の隅に置いておく必要がある。

学歴としては高校中退だが、必要な知識は本やインターネットで手に入れることができた。父からのダメ出しは尽きないが、一歩ずつ前に進むしかない。

そのあとは自分の筋力トレーニングだ。障害馬術騎手には50代以上の人も多い。鍛え上げた筋肉よりも豊富な経験が必要とされるスポーツなのだが、経験はすぐに身につくものではない。若い自分が今すぐつけられるのは体幹の筋肉だし、騎乗姿勢をしっかりキープするためには体幹があったほうがいいのは確かだ。だから、筋トレに励んでいる。

馬に乗って障害を跳び越える姿は優雅に見えるかもしれないが、馬と息が合わなければ、落馬したり馬の転倒に巻き込まれたりして大きなけがをすることもある。

練習といえども気を抜けない。


家に帰るころにはクタクタだが、仕事の連絡が入っていれば、それに対応する。オランダで立ち上げた会社「free town.jp bv」の代表でもあるので、業務の最終的な決裁権は私が握っている。また、大きな業績は残せていないが、経費や税務などはチェックが必要だ。

経営に関する書類は、当然、オランダ語で提出しなければならないのだが、正直何を書いてあるのかほとんど分からない。オランダ語を英語に翻訳してチェックするので、微妙なニュアンスは違うのかもしれないが、そこは書類を作ってくれる弁護士や税理士を信じることにしている。

自分の性格からしても、最初から疑ってかかるよりはよっぽどいい。

騎手として、社長としてするべきことが終わったら、ようやくプライベートの時間だ。日本の友人や家族とはＬＩＮＥで連絡を取っているが、時差があるので、なかなかタイミングが合わない。

身体を休めることも大切なので、夜は12時ごろには寝てしまう。

そうした繰り返しが、まだ何者でもない私の毎日だ。

日本には、まだ学生生活を楽しんでいる友人もいるので、たまにうらやましくなるときもあるが、オランダに来たことに後悔はない。今は、1日でも早く社員に認められる代表になりたいと思っている。

高校を辞め、日本を飛び出したばかりの私にそう決意させたのは、ある事件がきっかけだった。

渡欧後、会社を窮地に陥れた1本の電話

父の身に危険が迫っている――あのとき、私はそう確信した。

２０１８年3月、オランダで障害馬術のトレーニングを続ける私の元に、突然、１本の電話がかかってきた。発信元は日本。父が経営する株式会社ちほシンクタンクＨ.Ｄで会計の責任者を務める女性社員のＡだった。

「何だろう……」

不思議に思いながら「はい」と出ると、

「大事な話があります。正育さん、落ちついて聞いてください」

声の感じで、ただ事ではない雰囲気を感じた。

「もしかして……」。そのとき、私は父が死んでしまったのではないかと覚悟したほどだったのだが、実際はそうではなかった。

「会長であるお父様には経営から手を引いていただき、新体制がスタートします。至急、日本に帰ってきてください」

最初、何を言っているのか分からなかった。「父はそのことを知っていますか?」と聞くと、Aは「会長には聞かないほうがいいと思います」と答えた。

何かおかしい――。

にちほシンクタンクH.Dは父が一代で築き上げた会社だ。メインは電気設備の保安管理業務だが、そこを軸に電気料金削減や新電力など、周辺に次々と新しいビジネスを立ち上げてきた。いつも「何か面白いことはないか?」と考えているような父が、いきなり経営から手を引くなんて、あり得ない――。

Aの電話を切り、あわてて父の携帯に連絡を入れたが、出てくれない。それどころか「おかけになった電話番号は、現在使われておりません……」というアナウンスが流れるばかり。

もしかして、父の身に何かあったのかもしれない――。

とっさに私はそう思った。電話が通じないのは、事故か何かに巻き込まれて、携帯電話が壊れてしまった可能性もある。

私は急いで、社内で一番信頼のおけるB氏に連絡をした。

「もしもし、正育です。今、Aさんからこんな電話があったんですが、父はどうしていますか?」

「そうなんです! 私も急に話を聞いて、会長に連絡を取ろうと思ったんですが、つながらなくて……」

とりあえず、父と連絡が取れたら互いに知らせることにして、電話を切った。

「ほんの数日前には電話で元気に話をしていたのに……」

ひたすら混乱するばかりだった。

思い立ったらすぐ行動! 破天荒な父の背中を追いかけて

父はとにかくエネルギッシュな人だ。「これ!」と決めたら、すぐに実行に移す。海外だろうがなんだろうが、思い立ったらすぐにどこにでも行く。それこそ、明日いきなり地球の裏側にいてもおかしくない。

そんな父は、小さい頃からずいぶんとたくさんの国に私を連れていってくれた。だから「オランダへ行け」と言われても、臆することなく日本を出ることができた。

アメリカ、イギリス、ミャンマー……いろいろな文化に触れさせてくれたのは、全部私を後継者として育てるためだろう。なにせ名前も「正育」と書いて「マイク」だ。確かに、この名前は海外に行ってもすぐに覚えてもらえた。


父の破天荒ぶりが分かる、こんなエピソードがある。私が中学3年生のとき、ペルーにある世界遺産「マチュピチュ」を訪れることになったのだ。

「マチュピチュ」は、アンデス山脈の尾根にある古代インカ帝国の遺跡で、アメリカの探検家が1911年に発見したという。「なぜ、つくられたのか」や「どのようにつくられたのか」などは今も明らかになっていない、すごく神秘的な場所だ。

ところが日本から行こうとすると、最短でも片道24時間以上かかる。当時、私の周りに行ったという人は聞いたことがなかったし、そんなところに行くなんて一生に一度あるかないかの話だと思っていた。

だから、父がカード会社の会員情報誌を見て「マチュピチュ」行きを即決したときには驚いた。そこに載っていた写真を見て「よし、行ってみよう！」と、翌日には私を連れて日本を飛び立ったのだ。目的は、会社で建設を計画している施設のヒントを見つけることだという。何がヒントになるのか私には分からなかったが、「天空の要塞都市」という響きは心を高鳴らせた。

事前にツアーを組んでいたわけではなかったから、日本から一度ソウル、それからロスに飛んで、

2013年、ペルーのマチュピチュで父と

さらにリマ、クスコとペルー国内を移動。そこから3時間ほど電車に揺られ、さらに徒歩で1時間。標高が高いので、これが意外ときつかった。

つらかった分、期待は高まる。砂利の混じった山道を登ると現れたのは、息をのむほどの絶景だった。

「本当にこんなところがあるんだ……」と、不思議な光景に心を打たれていた私の横で、

「なんや、石を積んであるだけやないか」

疲れ切った顔で父がボソッと呟いた。

「それが『マチュピチュ』やろ！」

感動していた自分にケチをつけられた気がして、腹を立てたのを覚えている。

父は「それならドイツへ行こう」と、24時間以上もかけてやってきたペルーには1泊しかせず、ルフトハンザ機に乗って、そのままドイツへ旅立つことになった――。

突然の交代劇で目覚めた、代表取締役としての自覚

B氏との電話のあと、私がそんなことを思い出していたら、父からLINEで連絡が入った。もちろん身体は無事で、元気いっぱいだった。

ホッとしたのもつかの間、父がボソッと言った。

「なんか、会社を乗っ取られたみたいや、正育」

「なんや、それ？」

のちに判明したのだが、私と父を裏切って会社の乗っ取りを企てたのは、数時間前に電話してきたAだった。Aは私と血縁関係にあるC、それに会社の元顧問弁護士であったDと共謀して、勝手に株主総会と緊急取締役会を開き、代表取締役である私を解任したらしい。

私がすぐに事態を呑み込めずにいると、父は
「命も危なかったかもしれんな」

そう言って笑った。どこまで本気かは分からなかったが、それにしたって、年間売上60億円（税引前利益18億円）という規模の会社が、いきなり乗っ取られるなんて、マンガやドラマみたいな展開だ。

そして、なぜか代表取締役に据えられたのは、首謀したAではなくて、私と血のつながりがあるCだった。


私は、いつの頃からか自分が「二代目」であることを疑っていなかった。

創業社長である父の会社を継いで、それを発展させるのが自分の役目であり、人生をかける仕事だと思い、疑ったことはなかった。

実際、成人するまでに株式のほとんどを贈与してもらい、会社を承継した。社員450人を有する

会社の未来を10代で背負うのはあまりに重かったが、やるしかなかった。

ところが、1本の電話でそんな人生の枠組みがバラバラに崩れかけたのだ。当然、障害馬術騎手としての人生もそこで失っていただろう。

日本に戻ったところで、高校中退の私に何ができる？

今となっては笑って話せるが、そのときの絶望感は今も覚えている。


「正育、これからが大事なところやぞ。二の轍を踏まんように、しっかり勉強せえ！」

父に叱咤され、私は事件のいきさつを整理することにした。

調べてみると、なかなか手の込んだ内容だった。にちほシンクタンクH.Dは、ほかにグゥビックや日本電気保安協会という会社を束ねる持ち株会社だ。

グゥビックについては父が持っていた株式を「社員持ち株会」に譲渡しようとしたが、このとき、別の「従業員持ち株会」を勝手に立ち上げて、自分の管理下に置いたのがAだった。

一方、にちほシンクタンクH.Dの株式は当時、私が99％以上持っていた。ただ、未成年の私に経営権を持たせるのは危なっかしいということで、私と父がCとの間で貸株契約を結んでいた。これは、契約書を作っただけで、実行はしていない。実際に株券を貸したわけではなく、契約書を作って、私が誰かに騙されるなどしたときに、それを見せて相手を諦めさせるために作ったもの。当時、堀江貴文氏がやっていた手法を真似たらしい。

にちほシンクタンクH.D は日本電気保安協会の株式も保有していたから、グッビックとにちほシンクタンクH.D の経営権を押さえてしまえば、3社を思いのままにできる。

AとC、それにD弁護士は実際にそれをやった。

私がオランダで電話を受けたその日、彼らは貸株契約をたてに緊急の株主総会と取締役会を開いて、Cを代表取締役の座に据えた。おまけに、会社とは関係がなかったCの子どもたちまで、いきなり役員に選任された。

もう、やりたい放題やられてしまった。

Cの要請で緊急の取締役会が開かれた日、父は仕事で東京にいた。知り合いの会社経営者や大学関係者と会う約束があったのだ。

ところが、会合相手から「君の電話、おかしいぞ」と言われて、事態に気づいたという。

Aが会社名義の携帯電話を解約したため、通話ができなくなっていたのだ。私がオランダからかけたときに「おかけになった電話番号は……」というアナウンスが流れたのもそのためだった。

さらに、クレジットカードも止められてしまったから、普段あまり現金を持ち歩かない父は大変だった。予約していたホテルの宿泊費も支払えないほどだったのだが、父はそこで慌てず、初対面に近いビジネス相手から5万円を借りて事なきを得た。このあたりの大胆さは、私も学ぶべきところかもしれない。

「なんだかおかしなことが起きているな」と思っていた父に、乗っ取りのことを知らせてくれたのは社員のＢ氏だった。

緊急の取締役会が開催され、新体制発足の通知がＢ氏のところにも届いたので、すぐに教えてくれたのだ。

「大変なことになってます！」

ただ、その電話を受けても、父は「じゃあ、明日、大阪に帰るよ」と答えたという。

「だめです！　そんなのんきなことを言っている場合じゃないです！　すぐに新幹線に乗ってください！」

父が新幹線に飛び乗ったのは、Ｂ氏がそう進言してくれたおかげだった。

こうした社員の支えがあるから、今のグループの発展があるのだろう。やはり大事なのは人材なのだ。

大阪に戻った父は新体制発足の説明会に参加した社員から事情を聞き、改めて状況を理解した。

乗っ取りを企てたAとC、D弁護士らは3月5日から3日間、全員が休暇を取っていた。どこかに集まり、乗っ取り計画の最終確認をしていたのだろう。

そのうえで、２０１８年3月8日、一気に実行に移した。彼らがやったのは次のことだ。
・緊急取締役会を開催して、Ｃが新代表に就任することをメールで一斉に通知する。

・Aがオランダにいる私に連絡し、帰国して新代表であるCと面会するよう要請する。
・私や社員と連絡が取れないよう、父の携帯電話を止める。
・東京にいる父が身動きしにくいよう、クレジットカードも止める。
・緊急取締役会を開いて、Cが新代表に就任し、法人登記も済ませる。

これだけのことを1日でやったのだ。

ただ、肝心の詰めが甘かった。

まず、Aは電話回線を止めてもWi－Fi環境下ならLINEなどのSNSアプリが使えることを知らなかった。だから、B氏など、普段からLINEでやり取りをしている人とは連絡が取れた。

事情が分かると、父は私にもLINEで連絡をしてきた。

Cのところに来るよう、社員のAから連絡があったことを私が告げると、「株主であり、代表取締役である正育にサインをさせようとしているのだろう。最悪、軟禁も考えられるから、そっちには行かず、直接実家に帰って来い」と言われた。

だから、私はCのもとに向かわなかった。

父の言葉に従って、私はすぐにオランダを発ち、大阪の実家へと帰り着いた。後日分かったことだが、私が住んでいた元の家の鍵は替えられていた。

裁判で明らかになった事実と仮処分の行方

経営者にとって最も大切な能力は即断即決だ——。父からはいろいろと教わっているが、乗っ取り事件を通じて私が学んだのはそのことだった。

父の動きは素早かった。すぐにDとは別の弁護士に相談して株主総会・緊急取締役会の決議を無効にするよう、仮処分申請を出した。その結果、Cを代表取締役とした決議はとりあえず凍結された。

その後の裁判で、決議の無効が確認されたが、裁判ではCやA、D弁護士たちが唱える交代劇の言い分が明らかになった。

「創業者ではあるが、にちほシンクタンクH.Dの株主でも役員でもない善大氏が経営を差配しているのはおかしい」

「善大氏が代表を務める宗教法人が設立する福祉施設に、会社から資金を提供するのはおかしい」

主にこの2点が相手側の主張だった。

経営に問題があるから、貸株契約や従業員持ち株会を利用して、代表取締役に就任した、というわけだ。父は「主犯はCではなく、AとD弁護士であることを自白しているようなものだ」と言っていた。

加えて相手側の主張は事実も取り違えていた。

ほとんど経営の経験のない私に、契約書の内容やグループの事業内容、これまでの経営戦略・経営計画書について細かく教えてくれてはいたが、これは経営の指導だった。

福祉施設についても、まったく関係のない事業ではない。

創業から40年ほどが経ち、グループで働く社員にも高齢化が進んできている。今後、日本では老人ホームなどの高齢者施設が不足すると考えられるので、社員や顧客、その家族のために、充実したセカンドライフが送れるような福祉施設を作ろうとしているのだ。

そのような福祉事業はグループのイメージアップにもつながるだろう。今後の営業活動の後押しになると考えての「投資」だ。単なる資金提供ではない。

貸株契約についても裁判で争われたが、こちらも私と父の主張どおり「貸株契約を利用して、本来の株主の利益を損なうような株主総会や取締役会は開催できない」という判断を裁判所が下した。

その結果、代表取締役交代の決議は無効になり、法人登記簿からCの名前は削除された。


その後、Aと行動をともにした社員は会社をあとにした。顧問だったD弁護士には弁護士会に懲戒請求を行ったが、まだ決着はついていない。

裁判で裁判官は「こんな乗っ取り計画を法律の知識がないものが主謀するとは思えない」と口にしたが、そのとおりなのだろう。

ただ、法律の知識だけで乗っ取りは成功しなかった。重要な局面では、予定外の出来事が起きたときにどう対応するのか、2手、3手、あるいはもっと先の手まで練っておかなければ実現できない――。

それを身をもって知ることができた。

その後、会社はすぐに普段どおりの営業に戻った。

多くの社員や役員は父や私を支持してくれたし、取引先も同じだった。彼らとの信頼関係を築いてきた父の功績が、この危機を救ったのだ。

ビジネスは人と人との絆で動いている。そのことを改めて理解した私は、新たな人脈を築くためオランダに戻った。

第１章

目的を失ったときに出会った障害馬術、
転機は突然やってくる

速さと美しさが魅力のスポーツ、障害馬術の世界

日本で馬のスポーツというと、競馬をイメージする人が多いかもしれない。でも、競馬と馬術は似ているようで結構違う。

「馬術」には大きく、馬を操る正確さを競う「馬場馬術」と、ハードルなどの障害が設置されたコースを回りタイムなどを競う「障害馬術」、トライアスロンのように馬場馬術、障害馬術、クロスカントリーの複合競技を行う「総合馬術」の3つがあり、私がやっているのは「障害馬術」だ。アリーナに設置された、高さや形状の違う障害物を決められた順番通りにジャンプでクリアし、タイムを競う。

障害の数はだいたい12～15個。競技ランクは障害の高さで決まり、オリンピックでは高いもので約1・7mの障害が使用されるので、この高さを超えられることが出場の最低条件となる。ちなみにオランダに来た当時の私は、1・2mを跳べる程度の実力だった。

コースの設定は毎回違う。人馬一体で、どうやって攻略するかがタイムを縮めるためのカギになる。

日本ではまだあまり人気がないが、欧米では古くからポピュラーなスポーツだ。優雅で美しいスポーツとして富裕層のファンも多く、「LONGINES」や「ROLEX」などの高級腕時計メーカーをはじめ、「HERMES」「GUCCI」などのファッションブランド、「BMW」といった高級車のメーカーなどがスポンサーに付く大会も少なくない。

世界トップクラスの選手になると、年間の賞金総額は数千万円に上る。しかし、2021年8月時

2019年12月、サウジアラビアで開催された「LGCT」の様子
©Longines Global Champions Tour

点で世界ランキングの200位以内に入っている日本人選手は1人もいない。東京オリンピックの代表になるような選手でもそうだ。テニスやサッカー、フィギュアスケートなど、ほかのスポーツには世界トップクラスの選手はたくさんいるけれど、障害馬術は日本ではまだまだ発展途上のスポーツ。だから、チャンスがある。

もちろん、歴史を振り返れば、オリンピックの障害馬術競技で金メダルを獲った日本人選手はいる。

西竹一という陸軍大佐だ。1932年に開催されたロサンゼルスオリンピックで見事、金メダルを獲った彼は、欧米では「バロン・ニシ」（西男爵）の愛称で呼ばれるなど、人気が高かったという。終戦の少し前、激戦地だった硫黄島で戦死しているが、当時は日本の敵国だったヨーロッパの国々でも、彼の死を残念がる人がたくさんいたそうだ。

今はまだ「日本人」というだけで格下に見られてしまうこともあるが、結果を残せば正当な評価をしてくれることは、海外での生活のなかで身をもって体験してきた。私のような20代の若者でも、結果を出せばベテラン騎手も笑顔でたたえてくれるし、友人になれる。

人種、年齢、職業……、本当にいろんな出会いがあることも、障害馬術の魅力だと最近、実感している。

母の教えを守り、「クラスの人気者」だった小学生時代

「オランダで一人暮らしをしている」と言うと、子どもの頃からずいぶんしっかりしていたのだろう、と思われることが多いが、そんなことはない。どちらかというと、「ちょっと変わった子」と思われていた。

英才教育を受けさせたいという母親の方針もあって、電車で片道40分かかる私立の小中一貫校に通った。同級生の親には企業の経営者や医師なども多かったが、すごく厳しいわけでもなく、日々をのびのび楽しく過ごした。

友人はたくさんいた。学年でもいちばん多いくらいだったと思う。誰と付き合うか、特にこだわり

がなく、来るものは拒まず、という緩い性格だったからかもしれない。

年齢や肩書き、国籍に関係なく、誰とでもすぐに友人になれるのは今でも私の特技だが、子どもの頃からその素質はあった。

男子だけじゃなく、女子にもモテた。バレンタインデーには毎年、カバンがチョコレートでパンパンになったほどだったが、いわゆる「友チョコ」だ。これについては母親の教えが良かったのだろう。「女の子には優しくしなさい」と、事あるごとに母からは言われていた。

普通は、小学校の高学年にもなると、女子と仲良くするのは恥ずかしいという思いが強くなって、なかなか普通に接するのが難しくなるものだ。

わざと遠ざけたり、悪口を言ったりする男子が多いなか、私は母親に言われたとおり、「女の子には優しく」と心掛けていた。今思えば、特に「女の子」に限定することなんてない。どんな相手でも、人として当たり前の敬意や思いやりを示すことは仲良くなるための基本だ。


物心が付く前から父に連れられて、よく実家の近くにある「杉谷乗馬クラブ」に通っていたが、そこでもたくさんの大人たちからかわいがられた。

「杉谷乗馬クラブ」は１９６４年に創設された乗馬クラブで、オリンピック選手も多数輩出するなど、日本でも屈指のレベルを誇る。

競技選手としてトレーニングを続ける人もいるが、趣味として楽しむ人も多い。会員にはうちの父も含め、会社経営者や医師などの資産家が結構いて、カフェテリアではちょっとした商談がされていることもある。おそらく父はその経験から、ビジネスの人脈創りに最適な場所と判断したのだろう。

クラブのオーナーである杉谷昌保氏は、1968年のメキシコオリンピックから3大会連続出場。息子の杉谷泰造氏もアトランタ大会やアテネ大会で活躍するなど日本の障害馬術界の重鎮だが、小学生の私にとっては「気のいいおっちゃん」に過ぎなかった。

乗馬クラブに行くと、杉谷氏に付いて回った。理由は単純。杉谷氏が移動に使う電動カートに乗りたかったからだ。チョコチョコと付いて回る私をとてもかわいがってくれた。もちろん、馬術の指導も。

こうして良い師に恵まれたことで、私はどんどん障害馬術が好きになっていった。

父の教えは「なんでも自分でやれ」「自分で考えろ」

私と障害馬術を引き合わせてくれた父は、自他ともに認める「創造力の人」である。

一代で電気関係の会社を立ち上げ、年商60億円（税引前利益18億円）という規模にまで大きくした。グループの取引先は約2万社だ。大手メーカーや不動産会社、教育機関など業種はさまざまで、それらの多くは「人脈」で獲得したという。例えば、ある取引先が困っていることを見つけると、

「それならこんな会社がありますよ」とか「こんなサービスはどうですか」と提案したり、実際に間を取り持ったりすることで相手の課題を解決し、信頼を獲得していった。

そのうち「困ったら、川合さんに相談しよう」となり、いろんな情報が父のもとに入ってきた。そうして時流を読み、ビジネスを拡大させていったのである。

若いときはバリバリ働いていたはずだが、私が物心付いた頃は家にいることが多かった。小学生の頃、学校帰りに友人の家に行くと、彼らの父親は仕事に出掛けていて不在だった。それなのに、自分の父親はたいてい家にいて、キャッチボールなどで一緒に遊んでくれた。何をしている人なのか、私はずっと知らず、ただ「不思議だな」だと思っていた。

私には3歳離れた妹がいるが、彼女はずっと父を「無職」だと思っていたらしい。高校生になって初めて、会社の代表だと気づいたというのはさすがに遅過ぎだろうが、子どもたちにとってそれほど謎の人だった。


子どもに対する接し方も変わっていた。厳しく怒られた記憶はないが、常に言われていた言葉がある。

「人を頼らずなんでも自分でやれ」

「なんでも自分の頭で考えろ」

例えば私が幼稚園児くらいのとき、家族で海外旅行に出掛けたときのことだ。

「自分の荷物は自分で管理しろ」という父の言葉を受けて、私は子ども用のキャリーバッグに着替えや身の回りのものを詰め込んだ。小さめとはいえ、荷物がいっぱいに詰まったキャリーバッグは当時の私にとっては十分重かった。

到着した空港の手荷物受取所でなかなかバッグを下ろせずにいると、見かねた人が「手を貸そうか?」と申し出てくれた。ところが父は、「私はこの子どもの父親です。今、この子がやるので手を貸さないでください」と断ってしまったのだ。「せっかく助けてくれようとしたのに……」と思ったが、

「マイク、できるな?」

そう言われ、私はキャリーバッグの持ち手をグイッと引き上げ、下におろした。

「できた!」と、振り返ると父はにっこり笑って見せた。


甘いようで、厳しいところはとても厳しい。特にお金に関することには厳しかった。

会社経営者の息子ながら、私はあまりお小遣いをもらっていなかったので、お金が足りないなら、その分をいろいろな知恵で補うしかない。

例えば、ゲームセンターで格闘ゲームが流行っていたときも、お小遣いが少ない私はなんとか、お金を使わずに大好きな格闘ゲームを楽しめないか考えた。

その結果、思い付いたのはゲームのやり方を教えることだった。

大好きな分、格闘ゲームには強かった。だから、ゲームセンターで私より下手な子どもを見つけたら、「教えてあげる」といって近づき、やり方をレクチャーしながら、自分でもプレイを楽しんだ。私はゲームを楽しめるし、教えてもらった人は確実に強くなるから、Ｗｉｎ・Ｗｉｎの工夫だろう。ただ、子どものやることなので、しまいには「ちょっとどいて」と教えていた相手を押しのけてしまうこともあったようだ。

ほかにも失敗はいろいろあった。

イギリスを旅行したとき、私と同い年くらいの女の子が家の前でガレージセールを開いていた。自分の使わなくなったオモチャをテーブルの上に置いて売っている。父はその様子を指差し、「お前もあれくらいはできるやろ？　よく見ておけ」と言った。

帰国後、私は早速真似をして、使わないオモチャを売ることにした。

ところが、日本ではガレージセールは一般的ではないうえに、自宅の前では人通りも少なかった。子どもが買えそうな値段を一生懸命考えたのに、結局、一つも売れなかった。

「売るなら大通りでやったほうがいいぞ」

父はそうアドバイスしてくれたが、私は悔しかったので夕方までそこに座り続けた。

選挙戦略がズバリ当たって生徒会長に

自分で考えたことがとてもうまくいった最初の例は、小学校の生徒会長選挙だった。

生徒会長になりたかった理由は恥ずかしながら、「なんとなくカッコ良さそうだから」という漠然としたものだった。

投票は4年生からなので、立候補までに選挙の様子を観察する時間があった。

その結果、私が思ったのは「これは人気投票だ」ということだった。立候補者はそれぞれ「きれいな学校にします」とか「図書館にこういう本を入れます」とか公約を掲げるが、投票する生徒は眠そうにしていたり、小声で隣の人と話していたりしていた。

そんな様子を見ていて気づいたことがあった。

「ウケ狙いをした子が勝つな」

実際、あとで同級生に「誰に入れた？」と聞いたら、「面白かったから○君」とか「仲がいいから×さん」という答えが多かった。「公約の内容で決めた」との答えはなかったと思う。

結局、一番ウケて面白いヤツが勝つのか――。そう理解した私はいよいよ、自分が5年生の後期を迎えたとき、満を持して立候補した。

うちの小学校は各学年3クラスあり、クラス代表3人で生徒会長の座を争うことになる。

ほかの2人が演説内容を考えるのに必死になっているころ、私は相変わらずいろいろな友人たちと楽しい時間を過ごしていた。

迎えた選挙の当日、結局、演説で何を言ったのかはあまり覚えていないが、ユーモアは忘れないように気を付けていたと思う。そして最後、当時、首相だった鳩山由紀夫氏が大事な局面でミスをしていたので、「僕は、鳩山さんみたいにならないようにします」と言うと、会場からは笑いが起き、私は見事、当選を果たしたのだ。

学校で学ぶことに意味はあるか？　見失った人生の目的

中学に入学すると、バスケットボール部に入部し、力を注いだ。府内ではそこまで強いチームではなかったが、最後の大会では上位に食い込むまでに成長した。小中一貫校で長い時間をともにした仲間たちは、今も変わらない私の大切な宝物の一つだ。

私が中学2年の頃、両親は別居を始めた。そして高校に入学したあと、離婚をした。

始めは母に付いて行ったが、最終的には父と暮らすことに決めた。私がいなくなったら会社はどうなるのか――。後継者として、父が一代で築いた会社を守りたいと思った。

父との暮らしは、意外と快適なものだった。もともと料理好きだった父は、喜んで朝食や弁当作りを引き受けてくれた。

ただ、健康を重視していた父のおかずは、煮物とか「茶色系」のものが多く、友人からは「お前の弁当、ゴミ箱みたいやな」とからかわれたこともあった。それを伝えると、父は笑い飛ばしたが、そのあとすぐに、私が好きそうな「白ご飯が進むおかず」や卵焼きなど、色どりも考えてくれるようになった。


高校生活ではどこか満たされない、もやもやとした気持ちが大きくなっていった。

全身全霊を注いだ中学のバスケットボール部を引退したことによる喪失感もあった。高校でもう一度バスケットボールをやる気にはなれず、放課後はブラブラ遊び歩いた。

次第に、高校に通うことの意味が分からなくなり、夏を迎える前には遅刻するのが当たり前になった。昼頃までゲームセンターで遊んでから、登校することもあった。

やがて学校に見つかり、呼び出されたとき、父は教師に向かって言った。

「学校の勉強だけやっていても、世の中へ出たら役に立たない」

その言葉は、私の頭の隅にこびりついて離れなくなった。

経済的には恵まれていたし、親も私を大切にしてくれていた。

一般的に言えば、とても恵まれていたはずなのに、17歳の私は人生に行き詰まり、どうしたいのか分からなくなっていた。

暇つぶしのために再開した障害馬術

そんな私が唯一打ち込んだのが、障害馬術だった。

ある日、父に「一緒に馬でも乗らないか」と誘われた。しばらく障害馬術から遠のいていた私は少し考えたが、その日は特にやることもなかったので、気分転換に「杉谷乗馬クラブ」へ出掛けることにした。学校の勉強以外で何か打ち込めるものを見つけたかった。

父は、以前からこのクラブに所属していて、時々騎乗していた。もちろん、やっていたのは障害馬術だ。そんな父は小さい頃から私をクラブに連れていき、私も自然と馬に乗ることになった。言われるがままに始めた障害馬術だが、長くは続かず、習っては辞め、習っては辞めを繰り返していた。父から「馬に乗れ」と言われるほど、意固地になって馬が嫌いになっていった。

しかし、久しぶりに再開した障害馬術は楽しかった。

頬を切る風が気持ちよかったし、何よりスポーツとしてとても奥深い魅力があった。

子どもの頃はただ跳ぶことだけを考えていたが、勝利するためには緻密な戦略が必要だった。

試合の勝敗は、コースを回るタイムとミスの少なさで決まる。ハードルのようなバーを落下させたり、跳べなかったりすると減点。障害を決められた順番や向きで跳べなければ、失格となる。

競技グレードを決めるのは障害の高さだ。ただ、高く跳べばいいのではなく、次の障害に向けて、どの地点に着地をし、何歩で踏み切るのか。馬の歩幅や速度、バランスをコントロールすることが騎手に求められる。次の障害とちょうどいい距離を取って馬が踏み切れるよう、歩幅を詰めたり伸ばしたり。状況を見て、騎手が調節しなければならなかった。

その日は、時間を忘れて馬に乗った。帰り道、父に「なんで誘ったの?」と聞くと、「目標をなくしてボーッとしとったから、とりあえず、スポーツでもやらせないとアカンなと思ったんや」。父はそう答えた。


試合に出ても、最初はなかなか勝てなかった。ジュニアの大会に出てくる選手の多くは私よりもずっと長い乗馬歴があり、馬と馴染んでいた。子どもの頃から長くやっているから、人と馬が一体になって動く感覚が身についている。

私はといえば、自分でも情けないほどぎこちない。

でも、そこからどうやって、彼らに勝てるよう練習を積むのかを考えるのは楽しかった。

「とりあえず、親子で国体に出よう」

そんな気持ちを見透かしたように、父が目標を立ててくれた。

タイミング良く、1年後には和歌山で国民体育大会(国体)が開かれることが決まっていた。

父は成年男子、私は少年の部に出場することが親子の目標になった。

そのためにはもちろん、大阪府で選手に選ばれなければならない。父は成年男子の部では問題のない技術をもっていたが、少年の部には、本格的に騎乗を始めたばかりの私よりうまい選手がゴロゴロいた。彼らを追い抜かないと国体には出られない。目標ができたおかげで、私はより一層トレーニングに励んだ。

その頃、高校はもう「自分のいるべき場所」ではないと感じるようになっていった。

私が通っていた高校は、家から15分ほどのところにある進学校だった。平日は授業が7時間目まであり、学校が終わるのは4時過ぎだから、そこから急いで帰宅して乗馬クラブに向かっても、騎乗できる時間はわずかしかない。

「もっと本気で障害馬術に打ち込みたい」

そう父に話し、高校1年の夏休み、私は3時過ぎには練習に向かえるよう、別の高校に転校した。

親子出場を目指した和歌山国体

２０１５年9月、和歌山県で「紀の国わかやま国体」が開催された。各都道府県代表が集まり、腕を競う。馬術を含む正式競技は37競技。それ以外に特別競技として高校野球（軟式、硬式）と公開競技。ニュースポーツなどのデモンストレーション試合も行われた。

ほとんどの競技は和歌山県内で行われたが、馬術は兵庫県三木市の「三木ホースランドパーク」で行われた。障害馬術の公式大会が開催できる会場は、国内には数えるほどしかない。その点では、実家の近くに乗馬クラブがあった私は、恵まれた環境にいたのだと思う。

競技人口の多い人気のスポーツだったら、真面目に取り組んでも始めて1年や2年の選手が出場するのは難しかったはずだ。さらに、障害馬術では馬の能力による差も大きい。体格やジャンプ力、障害を前にしても臆さない気の強さや騎手との相性など、自分にぴったりの馬に出会えるかどうかもカギを握る。

騎手と馬が一体となるには、どんなに早くても半年以上はかかる。当然、自分専用の馬がいたほうが有利なのだが、購入や飼育のコストは大きいので、日本選手の多くは乗馬クラブなどから馬を借りてトレーニングをしている。

一方、私の父は馬を持っていた。しかも、性格が違う馬を3頭。コントロールが少し難しいが、よく跳んでくれる「ピコロ」。それに「チャネル」と「コネクション」という3頭だ。「チャネル」も「コネクション」も「つながり」といった意味を表す。なんとも父らしい名前だ。

馬場の状況や馬の体調に合わせて、乗り慣れた馬のどれで出場するか選ぶことができたので、私たち親子はとても有利だった。馬術を本格的に再開して1年。クラブ主催の大会や地域の公式大会など、できる限りの大会に出場し、２０１４年には「長崎がんばらんば国体」（長崎国体）に出場。

翌年、和歌山国体では親子出場を果たした。ちなみに私は少年の部で24人中16位、父は成年男子の部で21人中16位だった。

高校を退学して2日後、バッグ一つで飛行機に

馬術にのめり込むほど、勉強への意欲は下がっていった。授業をさぼってばかりだったので、そもそも意欲があったとも言えないが、いよいよ「留年か」となった高校3年生の1学期の終わり、父から言われたのが、「東京オリンピックに出ろ」だった。

いきなり命じられて、私は驚いた。

「世界一のトレーナーのもとで練習を積んで、東京オリンピックに出ろ」

正直、無茶苦茶だと思った。

障害馬術競技はランクごとに障害の高さが違う。当時、私が日本で跳んでいた障害の高さは1・2mだったが、オリンピックでは最高で1・7mほどを跳ばなければならない。

この差はとても大きい。自分の技術はもちろん、今の馬のレベルでは不可能だろう。長年、一緒に練習をしてきたので3頭の馬に愛着はあるが、それでは先には進めないことも、よく分かっていた。

ただ、父の言葉を聞いて、私の中でくすぶっていた気持ちが熱を帯びた。

障害馬術の本場ヨーロッパでトレーニングができる。1人で海外に飛び出して、修行することになるが不安はなかった。小さい頃から父と世界各地を旅行してきからだろう。海を越え、これから始まる新しい生活に胸が高鳴っていた。

「分かった。行ってくるわ」

翌日、私は早速、高校に退学届を提出した。

先生や友人たちは驚いたが、吹っ切れたような私を見ると、「頑張れよ」と背中を押してくれた。

その後は最初にも書いたとおりだ。飛行機のチケットを手配し、キャリーバッグに荷物を詰めた。何が必要か分からなかったので、中身は着替えとスマートフォンくらいだった。

「外の世界へ出ろ」と父に言われた2日後、私は関西国際空港から飛び立った。

ただ、あとで聞くと、父だけは「日本から来た18歳の子どもなんて、どうせ相手にしてくれないだろう」と思っていたらしい。1週間ほどですごすごと帰ってくるだろうと予想していたようだ。

第2章

金なし、コネなし、語学力なしで訪れたオランダ
障害馬術の経験だけを頼りに名門クラブに突撃

頼りはスマートフォンだけ。単身18歳で向かったオランダ

オランダに行くと決めるまで、私は、その国のことをほとんど何も知らなかった。風車とチューリップ。そして、ヤン氏がいる障害馬術の強豪国。それくらいの知識しかなかったけど、実際、今もこうしてオランダで暮らしているのだから、やってみれば意外となんとかなるものだ。

準備らしいことは、ほとんど何もできなかった。

このときは、ヤン氏の運営するトップス・インターナショナル・アリーナで大会が開催されていたので、私はヤン氏に会うため、大会のパンフレットの裏にあったメールアドレスに連絡をしてみたが、返事はなかった。

今なら分かるが、ヤン氏は自身が創立したワールドツアー開催のため、1年のほとんどはプライベートジェットで世界中を飛び回っている。

いきなりオランダの厩舎を訪ねても、会えるかどうか分からない。もちろん、知り合いでもない日本の若者と会う時間をつくってくれるとは、できると思うほうがどうかしている。

普通のビジネスなら、事前に連絡を入れてから会いにいくものだ。

しかし、当時の私はそういった常識を知らない「子ども」だった。だから、父も「すぐに帰ってくる」と思っていたのだ。実際、ヤン氏と出会う唯一の準備は持参した「手紙」だけだった。

オランダの公用語はオランダ語だが、国民の9割は英語が話せる。だから、せめて自分の思いを伝

えたいと、辞書を片手にヤン氏宛ての手紙を書いたのだ。

それまで、あまり緊張はしないほうだと思っていたが、このときばかりは胸が高鳴っていた。

豊かで自由な国、オランダ

オランダの正式名称は、オランダ王国（Kingdom of the Netherlands）。広さはおよそ４万㎢で九州と同じくらい。そこに１７００万人あまりが暮らしている。首都のアムステルダムや一部の都市を除くと、のどかな田園風景が広がっている。

そのせいか、オランダ人にはおおらかで寛容な人が多い。近年、北欧のライフスタイルや教育方針が注目されているが、オランダも子どもたちへの教育が充実していて、義務教育期間は無償で教育が受けられる。英語以外にも、ドイツ語やフランス語、中国語など、語学教育にも力を入れているので、多言語を話せるバイリンガルやトリリンガルがほとんどだ。

古くから日本と国交があったように貿易が盛んだったことから、いろんな国の人が出入りしてきたので、多様性や寛容性にあふれている。

とても自由な雰囲気があるが、もちろん「自由＝何をしても許される」というわけではない。欧米では「オランダ人はケチ」というイメージもあって、割り勘のことを英語で「pay dutch（オランダ人みたいな払い方)」と言ったりする。

強いて言うなら、無駄なお金は使わない「質実剛健」な人が多いかもしれない。

スポーツも盛んで、なかでも人気なのはサッカー。男女とも欧州選手権やワールドカップ、オリンピックで上位に食い込む強豪国だ。

サッカーだけじゃなく、馬術も盛んだ。馬術がメジャーなヨーロッパのなかでも、イギリス、ドイツ、オランダは特に強いと言っていいだろう。1928年に開かれたアムステルダムオリンピックでは、馬術競技で金メダル2個、銀メダルと銅メダル各1個を獲得している。

1932年のロサンゼルスオリンピックで金メダルを獲得した「バロン・ニシ」以来、メダル獲得者が出ていない日本とは何が違うのか——。早く、この目で確かめてみたかった。

あわただしく始まった新しい日々

スタール・トップスでトレーニングができることになった私は、一度日本に帰国し、長期滞在の準備を進めた。なにしろ、ほとんど準備なしでの出国だったので、新しいビジネスを始めるのに必要なビザも持っていなかった。

日本に戻ると、父から課題を出された。

「オランダでやることのプランを立てろ」

何かを成し遂げたければ、「目標」「方針」「手段」の3つをまず明確にしなければいけない、というのが父の考えだった。

「そんなのいる？」

「絶対に必要や。ちゃんと立てられるまではオランダに行かせへん」

そうまで言われたら、プランを立てるしかない。

本来なら、後継者としてビジネスのプランを立てなければいけないところだが、私の場合、まずは騎手としての実力をつけ、いろんな人が訪れる大きな大会に出場することが、当面の目標だ。そのためにどんな方針を立てて、さらにその方針に沿ってどんな手段を使うのか……。

考えてみたけど、なかなか適切な答えを思いつくことができなかった。

書面で出せと父に指示されたのが面倒で、ＬＩＮＥのメッセージで送ると怒られた。

結局、何度もやり直して、方針は「世界一のトレーナーのもとで練習をすること」、手段は「初心者のつもりで、真面目に練習を繰り返すこと」と決めた。

私の方針と手段について、父は何も言わなかった。

「汚い字やな」

一言、そう言われたのは覚えている。

ただ、それから5年後の今まで、この目標と方針、手段は何度も書き直してきた。状況が変わったり、ステップアップできたりしたら、そのたびに書き直せと父に言われたからだ。

あまり褒めてくれない父だが、最近では「良くなった」と言ってくれる。

以前のものと比べろ、というので、この本を書くに当たって過去に書いたものを引っ張り出してみたが、確かに自分でも5年前のものはひどかったと思う。今なら見えていることや分かっていることが、当時はまったく理解できていないから、すべてが幼稚に感じる。

今の目標も、たぶん2、3年後には同じように感じるに違いない。というより、そうなるよう成長しなければいけない、と思っている。


その後ビザなどの準備を整え、1週間後にもう一度飛行機に乗った。

今度は父の秘書も一緒だ。彼は英語が話せるので、オランダで暮らしたり、トレーニングを続けたりするうえでの細かい内容を通訳してもらった。

こうして、オランダで障害馬術を学ぶ日々が始まった。

最初は驚くことばかりだった。障害馬術の先進国なのだから、さぞかし立派な環境で、最先端のトレーニングをしてくれるのだろうと思っていたのだが、スタール・トップスのトレーナーにまずやらされたのは、基本を一からやり直すことだった。

バスケットでいえば、ドリブル練習をひたすらやらされるようなものだ。

「わざわざ、こんなことをするためにオランダに来たわけじゃない」

そう思ったが、そうではなかった。少なくとも、ヨーロッパの強豪レベルと私とでは、その「基本」に大きな差があったのだ。

しかし、その成果が現れるのは、もっとあとのことだ。トレーニング開始早々、私のモチベーションはすでに下がり始めていた。

「器用」という落とし穴、スポーツ選手としての弱点

私は昔から運動神経が良いほうだった。足も速かったし、球技もできた。

だから、中学ではバスケットボール部に入部した。家の庭にはバスケットボールのリングがあったので、よく父や友人と一緒に遊んでいたし、小学生の頃も、週に一度はミニバスケのクラブで練習をしていた。

そのおかげもあって、部活でも入部した当時はいちばんうまかったと思う。初心者だった友人がドリブルに手間取っているなか、早々に課題をクリアしていることも少なくなかった。

そうなると、悪い癖が出てきてしまう。友人たちが自主的に朝練を始めるなか、私は「まだ大丈夫だろう」と、積極的には参加しなかったのだ。部活の練習でも、一人早く終えたら、グラウンドの野

球部の練習を眺めるなどしていた。

練習の結果がすぐに出ないように、そうした怠慢の結果もすぐには出ない。だから、公式戦のメンバーに選ばれたときは、適当に手を抜いても試合には出場できると思い込んでしまった。

実際にはジワジワと差は縮まっていたのだけれど、そのことに気づいたときにはもう遅かった。


自分がもう学年のトップじゃないことに気づいたのは、2年生の部活での対抗戦の時だった。難なく躱《か》わせていたはずの友人のディフェンスが突破できなかった。

一度、二度なら偶然だと思えるけど、そうじゃなかった。それまで、自分の力を過信していた分、ものすごいショックだった。見透かされていたように、顧問の先生からも厳しい言葉を投げ掛けられ、もう、悔しくて仕方がなかった。

「このままじゃ、あかん」

いろいろ考えた結果、練習への取り組み方を変えることにした。手始めに取り組んだのは毎朝きちんと朝練に行くことだった。それまで真面目に参加してこなかったが、友人たちは優しく迎えてくれた。

絶対に負けたくない――。そう思うだけでもプレーが変わった。自分はもちろん、先輩たちや顧問の先生も気づいてくれた。それからは、練習が楽しくなった。

同じ2年生からも「正育は変わった」「あいつ最近、調子がいいな」という声が上がり始めた。

ものすごく単純で大切なことをあのとき学んだ。

「うぬぼれたら、そこで成長は終わり、退化が始まる」

「結果が出ないなら、意識を変える必要がある」

「たとえ才能があっても、努力しなければ花開かない」

学んだことを肝に銘じた私は、その後、自分でも驚くほど真面目に練習に励んだ。

その結果、2年生の秋にはキャプテンに選ばれた。単に人気で選ばれたのではなく、それまでのプレーや努力が認められたことはとてももうれしかった。

私の学年は試合でも強かった。大阪の私立高校が集まる公式戦では3位になったことがある。人数が少なくて、1年生も試合に出さなければいけなかったのに好成績を残せたのは、チームワークと努力のおかげだと思っている。


日本から離れたオランダで、私はそんなことを思い出していた。

実際、基礎練習を続けるなかで、自分は感覚に頼り過ぎていた部分があると気づいた。なんとなく「こんなものだろう」と、コース取りや馬の扱いが大雑把になっていたのだ。

何度も基礎練習を繰り返すなかで、手綱を引くタイミング、体重移動の仕方など、「これは」と思える瞬間が出始めた。

オランダに来なければ、私は一生、自分の基礎がいい加減なものであることに気づかなかっただろう。土台がちゃんとできていなければ、その上に高い建物は建てられない。そのことを改めて思い知らされた。

寮に潜り込んで、食と住を確保

その後、もう一度帰国し、1月に3度目の渡欧をした。

関西国際空港には友人がたくさん見送りに来てくれた。

ほとんどの友人は私が馬に乗っていることは知っていたが、オリンピックを目指してオランダに行く、という展開には驚いたようだ。

「なんで、そんな夢を今まで隠してたんや?」

「隠してたわけやない。この間決めたばっかりやねん」

「まじ?」

「まじ」

そんなやり取りを残して私は飛び立った。

今度は長期滞在のため、住む場所も探さなければいけなかった。もちろん、父からは「自分でなんとかしろ」と言われている。

ところが、住まいを見つけようにも、どうやって探したらいいのか分からない。「そもそも、日本から来た18歳の若者に借りられる家などあるのだろうか？」。そう思ったが、悩んでいても仕方がない。インターネットでいろいろ探してみたけど、厩舎の近くに借りられそうな物件を見つけることはできなかった。

仕方なく、父にホテルに泊まっていいか確認すると、「アホか」と一蹴されてしまった。

「ホテル暮らしなんかしていたら、いくら金があっても足りん。寮にでも住まわせてもらえ。そしたら金もかからんやろ」

そう言って、父は電話を切った。私は「見知らぬ土地で息子が困っているのに、ホテル代も出してくれんのか。ケチめ」と思いながら、しぶしぶヤン氏のオフィスに向かった。

オフィスでは、ヤン氏の代わりに彼の秘書が対応してくれた。スマートフォンを片手に、翻訳機能でいきさつを伝えると、「分かった。会社の寮があるから、しばらくそこを使えばいい」と、あっさりOKが出た。

しかも、騎手としてヤン氏と契約をしているので、当面の家賃はいらないという。

「ホンマですか⁉　ありがとうございます！」

思わぬ形でタダ部屋を借りることができた私は、早速、教えてもらった寮に向かった。

寮は2階建ての建物で、いくつかの個室と共同で使えるキッチンとリビングがあった。環境的には十分だ。

そのとき寮で暮らしていたのは、5人のフランス人で、ヤン氏のオフィスで働いているスタッフだという。彼らは、私を温かく迎えてくれた。

荷物を片付けて部屋にいると、キッチンのほうからおいしそうな匂いがしてきた。キッチンに向かうと、テーブルには私の分の夕食も並んでいて、「座って食べろ」とジェスチャーで教えてくれた。

それ以来、食卓には毎日、私の料理も並んだ。

フランス人のスタッフたちは、最初は親切心で話し掛けてくれていたのだが、私は何を言われているのか理解できず、ただニコニコしながら黙っているしかなかった。彼らは困った顔をして、それ以来、話し掛けてくれる頻度は減ってしまった。

それでも「ここで暮らしていくんだから、逃げちゃだめだ」と自分に言い聞かせた。これから世界で活躍するには、国や性別、年齢を超えて誰とでもコミュニケーションを取れるよう、努力する必要がある。

だから、食事はできるだけ彼らと一緒に食べた。「あっちに行け」と言われることはなかったが、笑い声が自分の頭上を右から左、左から右と通り過ぎていくときには、やはり孤独を感じた。

長いときには3時間。まるで透明人間になったみたいだったが、それも含めて騎手としての修行だと自分に言い聞かせた。

今思うと、ここまでの孤独を感じたのは、生まれて初めてだった。それまで友人をつくるのに苦労したことはなかったし、私の周りには常に家族や友人がいた。会話はなくても、安心感があった。

一方、フランス人たちは決して悪い人ではなかったが、まだ「好かれている」「信頼されている」と思えるほどの関係ではなかったし、フランス語で話す彼らの話はまったく分からなかったので、食事を終え部屋に戻ると、少し疲労感があった。

英語力のなかった私が、一人で海外に飛び出せた理由

海外で生活をするのは、これが初めてではなかった。

小学４年生のときには、カナダにホームステイをしたことがあった。通っていた小学校で募集があり、私は真っ先に手を挙げた。

普通なら、少なくともまずは親に相談するのだろうが、「自分で考えろ」と教えられてきた私は、両親に相談もなく、単純に「面白そう」と思って、自分で考え、応募した。

１週間という短い滞在だったが、予想以上に楽しかった。ホームステイ先の家は大きく、子どもが３人いた。歳が近い兄弟と中学生の姉だ。

もちろん英語は話せないどころか、ヒアリングもできなかった。だから、コミュニケーションが取

れたとはお世辞にも言えないけれど、それでも、一緒に遊んだり、どこかに行ったりするのに支障はなかった。

今思えば、ホストファミリーを引き受けるくらいなので、すごくホスピタリティにあふれた家族だった。関西弁で話す私の言葉に耳を傾け、英語が分からない私のために、身振り手振りで意思を伝えようとしてくれていた。だから、そのときに孤独を感じた記憶はない。


彼らとはいろんなことをして遊んだが、特に記憶に残っているのはサッカーだ。

ボールを相手のゴールに蹴り込むだけという単純なルールだから、すぐに一緒にプレーできた。

「スポーツに国境はない」とつくづく思った。それは今も変わらない。

帰国する前には、アイスホッケーで使うスティックをお土産にくれた。

当時の私はそれが何に使うものか分からなかったが、大切に抱えて飛行機に乗った。

家に帰ると、父から「英語を話せるようになったか？」と尋ねられた。

「ええっ？　そんなん、一週間で話せるようになるわけないやん！」

そう答えると、父は半分呆れたように「ほな、お前は何しに行ったんや」と言って、私を小突いた。

もちろん、たった1週間で英語を話せるようになるわけがない。ただ、それでもなんとかなった。

困ることは少なく、ホストファミリーの気持ちや、してほしいと思っていることを読み取れた。

初めての海外生活でその経験ができたのは、とても貴重だったと今では理解できる。

だから、オランダに行くときも「言葉が通じない」ことに不安はなかった。

最初は黙ってニコニコするか、翻訳アプリに頼り切りだった私だが、日本語が通じない状況におかれたことで、嫌でも少しずつ英語を身につけることができた。フランス語はさすがに短時間ではマスターできなかったが、それでも寮のフランス人たちとの距離は近くなった。

海外で暮らしていると、よく「アジア人だと差別を受けるんじゃないか」なんて言われるが、少なくとも私の周りにいる人には、そんなことをする人はいない。それどころか、お互いの文化や個人に敬意を払ってくれる人が多いように思う。

そう考えると、世界中に人脈を創ることだって、そう難しいものではないはずだ。

日本とオランダは９０００㎞も離れているけど、日本にいる友人や家族とはいつでも連絡が取れる。時差は少しやっかいだが、今は世界のどこにいたって誰とでもすぐにつながれるのだから、インターネットやスマートフォンなどのテクノロジーには感謝しかない。

オランダで初めて見つけた居場所

寮で生活をしていたある日、朝、起きて食堂に行くと誰もおらずガランとしていた。フランス人たちの部屋を見ると荷物がなく、すっきりとしている。不思議に思い、ヤン氏の事務所に連絡すると、彼らは世界ツアーに参加するので寮を出たのだという。

「ああ、そうだ」と事務所のスタッフは続けて私にこう言った。

「もうすぐ新しいスタッフが寮に入るので空きがない。悪いが別を探してくれ」

ハッとした。私は寮に入ったことですっかり安心し、新居探しをしていなかったのだ。どこか良いところはないか尋ねたが、良い返事は得られなかった。

肩を落としながらアリーナに向かうと、「マイク、どうかしたのか?」と、私のトレーナーのマシモ・マジョーレが声を掛けてきた。

マシモはイタリア人で陽気な性格だった。大柄でおしゃべりし始めると止まらない。素性の知れない私にも、よく英語で話し掛けてくれていた。彼の英語はラテン系のなまりがあり、聞き取りやすかった。

事情を話すと、マシモは「じゃあ、うちに来たらいいじゃないか」と誘ってくれた。

マシモは当時、60歳くらい。厩舎が彼のために借りた一軒家に18歳の娘とお手伝いの女性と3人で

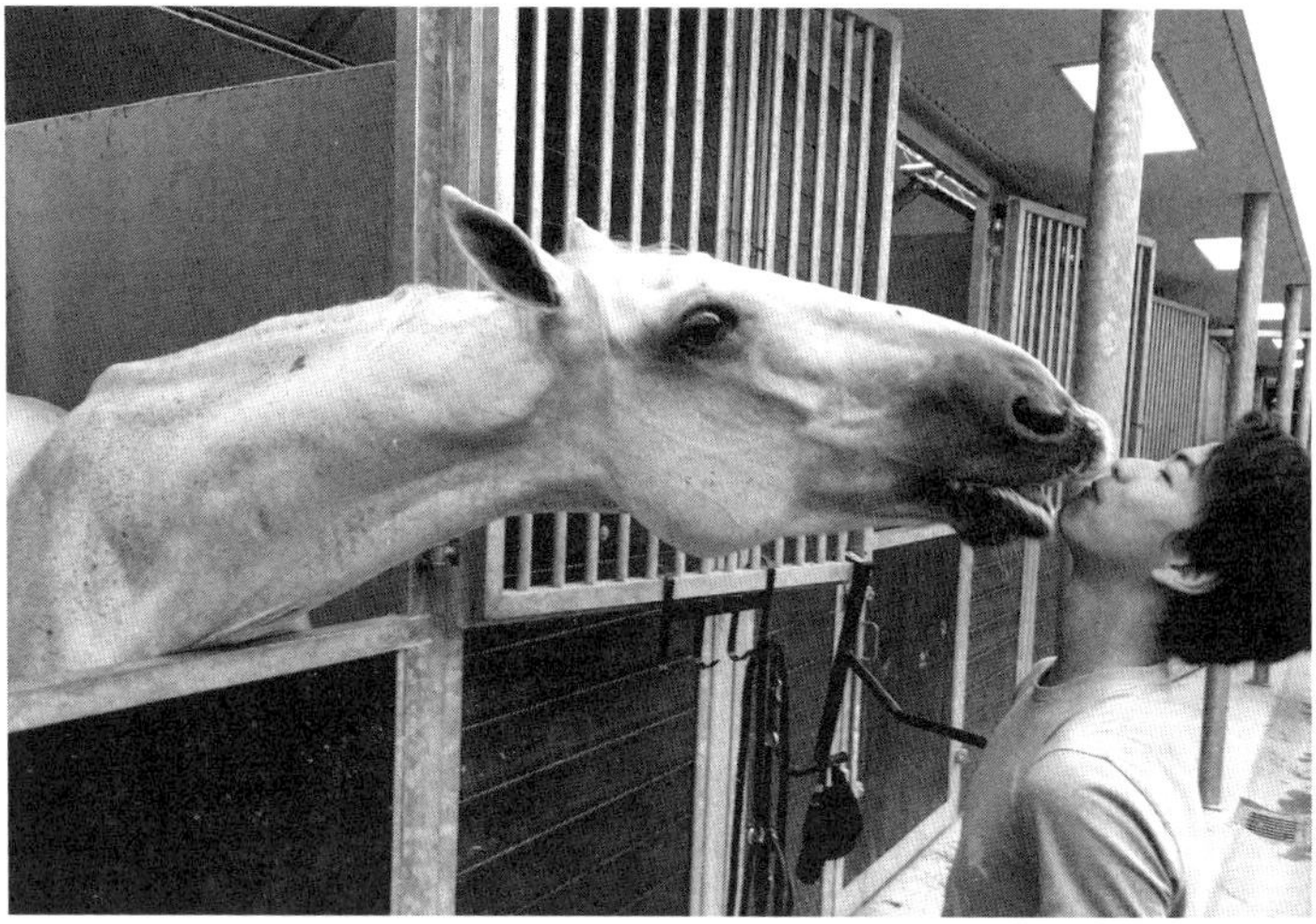

2018年8月、スタール・トップスの厩舎。ラグタイムルージュと

暮らしていた。

本当は5人家族で、奥さんと息子たちはイタリアで生活をしている。3人はよく休暇を利用してオランダにやってきているらしい。

「ゲストルームが空いているから、使ってくれていいよ」

そう言ってくれたので、私は寮を出て、早速マシモの家に引っ越した。


マシモの家は暮らしやすかった。マシモの娘も気さくな人だったから、寮での孤独から一転、楽しくにぎやかに暮らすことができた。

食事もおいしかった。特に、マシモの奥さんが作る料理が絶品だった。シンプルなトマトソースのパスタやサラダなど、いわゆるイタリアの家庭料理なのだが、ワイワイ言いながら、みんなと食べる食事は幸福の味がして、私はすこし太ってしまった。

血のつながりがなくても、私はそのとき家族の一員だった。

結局、マシモの家には1カ月ほどお世話になった。ようやく借りることができた私の新居は、ファルケンスワールトの町はずれにあった。

オランダ人の大家さんが庭に建てた別宅の平屋で、正直に言えば、それほど良い物件ではなかった。買い物をしようにも、スーパーは街の中心まで行かなければならないし、片道が6㎞くらいあった。当時、私は車を持っていなかったので、休日には、バスに揺られながら中心地へ向かい、袋がパンパンになるほど食品や日用品を買い込んで帰るという日が続いた。

それでも、ようやくオランダに自宅（拠点）を持てたことで、外の世界に一歩を踏み出せた気がした。

1DKの自宅でグルームと初めての二人暮らし

拠点を得た私が次に行ったのは、自分の馬を買うことだ。

前にも書いたが、障害馬術では馬の能力が勝敗に直結する。日本で乗っていたのは、正確には父の馬だったので、こちらに連れてくるわけにはいかなかった。しばらくは、ドイツにある杉谷泰造氏の厩舎に預けていた父の馬を借りて練習をしていたが、もう20歳を超えていたので、世界を目指すなら、早めに自分の馬を手に入れたほうがいい。

すでに日本から実力のある選手が何人か欧州へトレーニングに来ていたが、彼らの多くは厩舎の馬を借り、馬をトレーニングする騎手として暮らしている。厩舎の馬のレベルには幅があるので、自分の思うような成果が得られない場合もある。

私が5スタークラスの大会で最短で勝つためには、自分の馬を手に入れ、ひたすら練習するしかなかった。


ヤン氏に相談し、新しい馬を購入した私は、次に馬を管理してくれるグルームを雇うことにした。こちらはマシモに紹介してもらった。

私が初めて雇ったグルームはルーマニア人のマリウス。年齢は私より10歳ほど上だが、マシモみたいに気さくで優しい男性だった。

しかし、さすがに私の自宅を見ると、驚いたようだった。

「ここが君の家やで」と私が指差した先にあったのは、さっきの平屋だ。ヤン氏の厩舎にいる騎手には、超が付くほどの資産家や王族が多い。彼らに雇われているグルームは、専用の部屋（あるいは家）を用意してもらうのが普通だったので、まさか私と一緒に暮らすとは思っていなかったのだろう。

さらに、玄関を開けるとリビングとベッドルームが一つずつしかない。ベッドルームにはシングルベッドが2つ並んでいる。

「……」

その様子を見たマリウスはしばらく唖然としていたが、ベッドをリビングに移動することを条件に、共同生活を受け入れてくれた。

あとになって考えると、マリウスはよく私のところで働いてくれたなと思う。私だってこんな部屋に住んでいる人に「私の下で働いてほしい」と言われても、素直に「はい」とは言えない。まして私は、騎手としての実績もなかった。「やっぱり契約はなかったことに」と言われても文句は言えなかっただろう。

それでもマリウスはOKしてくれたし、グルームとしてもしっかり働いてくれた。私は一人で日本を飛び出したが、いろんな人の助けや好意のおかげで、なんとかやっていけているのだと、つくづく思う。

マリウスとの共同生活は楽しかった。食事は外食が多かったが、お互いに手料理をふるまうこともあった。

日本食を作ると、マリウスはとても喜んでくれた。特に気に入ったのが「白いご飯」で、「おいしい、おいしい」とたくさん食べてくれた。気がつけば、片言の英語で少しずつ会話もできるようになった。

その後も、たまに自炊はしていたが、本格的に挑戦するようになったのは、２０２０年の新型コロナウイルスの感染拡大でレストランが休みになったときだった。ＹｏｕＴｕｂｅで日本の「バズレシピ」などを見ながら、いろいろな料理に挑戦した。今では、レパートリーもだいぶ増えた。

最初の関門「英語」はとにかくしゃべって覚えろ

18歳でオランダにやってきて以来、バタバタと日々は過ぎていったが、私が最も苦労したのが言葉の違いだった。長くても数日間の海外旅行では身振り手振りでなんとかなっていたが、ここまで長期となると、周りの人と円滑なコミュニケーションが取れないことが、ジワジワと効いてきた。

もともと、英語はそれほど得意ではなかった。中学校でも高校でも、数学は得意だったが、英語は平均点だった。現在はどこの国でも英語教育に力を入れており、日本でも小学校から英語の授業が始まっているが、私が小さい頃はそうではなかった。

それでも、母は英語教育に力を入れており、小学校低学年のときには近くの英会話教室に通わせてくれていた。ただ、覚えている限りでは、英語より日本語での会話が多かったように思うし、私自身の興味があまりなかった。結局、いつの間にか辞めていたので、英語は身につかなかった。

小学3年生のときには、ハワイに1カ月ほどの短期留学をしたこともあった。

ところが、そのときも留学した先が日本人学校だったので、英語の勉強にはならなかった。18歳でオランダに来たときも、最初はスマートフォンの翻訳アプリが頼りだった。オランダ人の多くはなまりのない英語を話してくれるので、スマートフォンも正確に翻訳してくれるし、ものを買ったりタクシーに乗ったりする分にはこれで十分だった。

しかし、本格的にトレーニングが始まると、いちいちスマートフォンを取り出すのが面倒になっていった。「これから世界でビジネスをしようとしているのに、英語も話せないなんて」という思いもあったし、とにかく気軽に話せる友人が欲しかったので、私は翻訳アプリに頼るのをやめ、なるべく英語でコミュニケーションを取ることにした。

まず、仲良くなったのが厩舎のグルームだった。

顔を合わせると、にこやかに「調子はどう？」とか「よく眠れた？」と声を掛けてくれるので、私も「グッド、グッド」ととにかく何か英語で返すようになった。そのうち、二言三言だった会話は長文になり、やがて1年ほどで冗談を言い合えるようにまでなった。


今では、スタール・トップスにいる騎手やグルーム、オフィススタッフなど、ほとんどの人は私の友人と言えるまでの関係になっている。最初は緊張してまともに話せなかったヤン氏とも、今では気軽に家に招待されるような仲だ。私が手紙一つでヤン氏のもとを訪ねた話は、今では彼の「持ちネタ」になっていて、それがきっかけでいろんな人から声を掛けられることも増えた。

みんながここまで優しくしてくれたのは、オランダに来た時の私が、何も知らない18歳の若者だったこともあるだろう。英語もろくに話せないのに、たった一人でやってきた若者を見たら、私だって手を差し伸べたくなる。もし、大学卒業後や英語を完璧に習得した状態で来ていたら、もう少し大人な対応をされたかもしれない。

だから、高校を中退させてまでオランダに行かせてくれた父にはとても感謝している。今、同じ年齢で、これほどワクワクするような体験をしている日本の若者は、決して多くはないはずだ。


ただ、父にとっては私が「みんな」と仲良くしているのは、少し不服のようだった。

以前、父がオランダに来たとき、グルームが私たちを夕食に誘ってくれたときのことだ。彼らは、はるばる日本から来た父をもてなそうとしてくれたのだが、父にそれを伝えると、「お前が仲良くしなければいけないのは、彼らじゃないやろ」と、注意されてしまった。

もちろん、将来のビジネスパートナーになるような、資産家や王族への人脈創りも忘れたわけではなかったが、いきなりそんな話をできるはずがない。まずは、現地で「友人」をつくるというのが、私の考えたやり方だった。

父の言葉には、「オーナー（雇用者）」と「グルーム（被雇用者）」として、節度ある態度で接しろという意味もあったのだろう。日本でいう「上下関係」というやつだ。

でも、障害馬術のグルームは、裏方ではあるが立派なチームの一員だと私は思う。馬についての知

2017年、スタール・トップスの仲間と。前列左端が父

識は豊富だし、日々の細かい変化や体調などを把握して、いいパフォーマンスを発揮するよう管理してくれる。みんなプロとして働いてくれているから、雇用者と被雇用者だったとしても、仕事に上下はないし、上から「命令」をするよりは、同じ目線で付き合うほうが、私には向いていると思う。

世界が熱狂する華麗なスポーツ「障害馬術」

そもそも欧州では、乗馬は上流階級の楽しみとされてきた伝統的なスポーツだ。
その名残は馬術のユニホームを見ても分かる。ほかの多くのスポーツが動きやすさを重視し、デザインを変えていくなか、乗馬だけは燕尾服やベストに白いシャツなど「正装」のスタイルを保持している。

日本ではまだあまりメジャーなスポーツではないが、海外ではニューヨークやロンドン、パリなどの大都市で定期的に世界大会が開かれていて、国内外から多くの人が観戦に訪れる。

海外で開催される大会には、ＦＥＩ（国際馬術連盟）の主催で4年に1回開催される「ＦＥＩ世界選手権大会」や、世界各地の地域リーグの代表が技を競う「ＦＥＩワールドカップジャンピング」などいくつかあるが、私が主戦場としているのは、ヤン氏が創設した「Longines Global Champions Tour」（通称・ＬＧＣＴ）だ。3月に開幕し、11月までの9カ月間、世界を転戦しながら年間のチャンピオンを決める。

会場はそれぞれ、国や地域の観光名所に設置されることが多く、２０２１年7月にフランスのパリで行われた大会では、エッフェル塔の目の前で競技が行われた。

子どもたちが乗馬を体験できる広場やメリーゴーラウンドが隣設されたり、「ＨＥＲＭＥＳ」や「ＣＥＬＩＮＥ」などの店舗が軒を連ねたりすることもある。今では高級ファッションブランドのイメージが強いが、どちらも、もとは馬具のメーカーや販売元なので、店舗には乗馬用の手綱や馬用のブランケットなども並ぶ。

そこには、日本の大会では味わったことのない爽快感や華やかさがあった。

クラスは違うが、大会に出場する選手には、次のような世界的な有名人の子どもたちもいた。

・ジェニファー・ゲイツ（マイクロソフト創業者、ビル・ゲイツの娘）
・イブ・ジョブズ（アップル創業者、スティーブ・ジョブズの娘）
・ジェシカ・スプリングスティーン（世界的歌手、ブルース・スプリングスティーンの娘）
・アティナ・オナシス（海運王、アリストテレス・オナシスの孫娘）

ほかにも、カタールやヨルダンなど中東の王族も多い。日本で普通に暮らしていたら出会えないような、世界的なＶＩＰがそこら中にいるのだ。

父が「障害馬術で人脈を創れ」と言っていた意味がようやく分かった。

とはいえ、何をすればいいのか分からなかったので、まずは彼らと「友人」になろうと決めた。いきなり声を掛ければ警戒されるかもしれないが、彼らも同じ騎手なので、競技の前には待機馬場で一緒になることがある。待機馬場には最小限の人しか入れないし、無言ですれ違うよりは、軽く挨拶をするのが礼儀だ。

思い切って声を掛けると、彼等の多くは笑顔で返してくれた。

超が付くほどの資産家を親に持つのに、すごく気さくで、偉ぶったような態度を取ることはなかっ

ヨルダンのモハメッド王子（右）と

右で騎乗しているのが、カタールのアルターニ・アリ王子（Sheikh Ali Al Thani）

た。そのうちに、一言だけだった挨拶は、日常会話や競技について、家族の話などに広がっていった。今では大会後にお酒を飲んだり、ＳＮＳで日々の出来事を報告し合ったりするような間にまで発展した友人もいる。

それを父に話すと、「その人たちが成長して大きなビジネスをするようになると、良い人脈になる。正育も負けないように成長するように！」と言われるが、実際にはもう少し時間がかかりそうだ。

世界トップレベルのトレーニングで急成長

障害馬術の試合には賞金によって、１（ｏｎｅ）スターから５（ｆｉｖｅ）スターまで５つのグレードがある。グレードが上がると難易度も上がり、１スターは初心者向け、５スターは世界のトップがそろう。

障害の高さもグレードによって異なる。２スターまでは１・４ｍ、５スターになると１・７ｍだ。スタール・トップスには、１・６ｍクラスを超える騎手もいる。

私が日本の大会で跳んでいたのは主に１・２ｍで、１・４ｍを跳ぶと、国内では「すごい選手」と一目置いてもらえた。

障害馬術については世界と日本の間にはそれくらい大きな差がある。

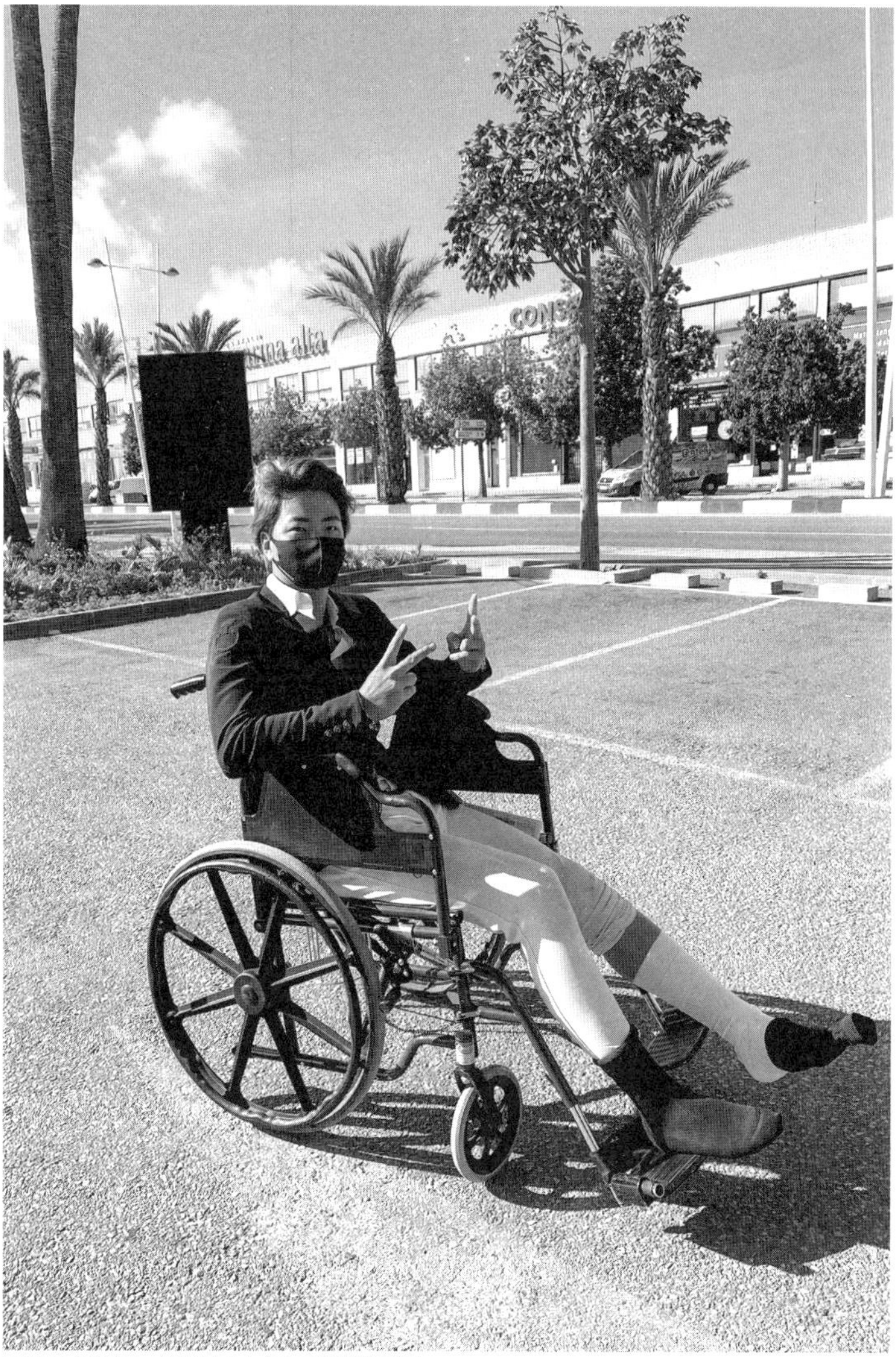

2021年2月、落馬で左足の靭帯損傷

だから、オランダで練習を始めた頃は初心者向けとされている1・4mの障害でさえ、かなり怖さを感じた。なにせ、1・4mを跳び越えるときには、馬の高さも合わせると3mほどになる。

馬は繊細な動物だから騎手が不安を感じていると、思うように動いてくれない。直前で跳ぶのをやめたり跳び損ねたりすることがある。落馬でケガをしたことも、1度や2度ではなかった。

だから、まずは練習で1・4mに慣れるのが課題だった。

毎日のトレーニングが大切なのは、どのスポーツも同じだが、障害馬術では、いい馬に出会えた場合、いきなり跳べるようになることがある。

オランダに来たことで、今までは教えてもらったことがない技術を学べるようになった。「詰める・伸ばす」という基本を徹底的に練習して、精度を上げられたことは大きかった。馬の能力的に難しい高さは跳び損なうかもしれないけど、跳べる高さなら失敗しないと思えるようになったからだ。

きちんと馬の能力を引き出してあげるのも、騎手の役割の一つだと改めて思った。

もしかしたら、日本で乗っていた馬たちも、私にもっと技術があれば、高く跳ばせてあげられたのかもしれない。

障害馬術で使用される馬は、若くて良い馬なら5歳頃から試合に出始める。その後、12歳あたりがピークと言われ、第一線で活躍できるのは、15歳頃までというのが一般的だ。5歳くらいで引退する競馬より、選手生命は長い。

じゃあ、競馬のピークを迎えたサラブレッドが、障害馬術の世界で再び活躍できるかと言えば、そうでもない。そもそも競馬と障害では馬の種類が違うのだ。走りに特化したサラブレッドの細い足では1・6mを超えることはできないため、もっと体格の良い品種が使用される。

以前、日本で競馬から障害馬術に転身した馬が活躍したという話題があったが、国内の障害の高さは1・2mのものがほとんどだから、なんとかなったのだろう。1・6mの障害を跳ぶ世界レベルで活躍するのは難しいはずだ。

ただ、競馬のサラブレッドと同じで、血統が重視される傾向がある。良い血統の馬なら、どんな性格や能力があるか判断がしにくい2、3歳でも高値が付く。


ヤン氏や騎手たちとのつながりができたことは、いい馬を獲得するうえでも大きなメリットだった。「世界トップクラスの厩舎で練習している騎手」という肩書きが私に付いたので、世界で評価されている馬の情報がどんどん入ってくるようになった。

オリンピックで金メダルを狙えるような馬との出会いは、世界中を探しても限られている。とても稀少な存在なのだ。馬の個性は一頭一頭、皆違うから、そんな優れた馬との出会いは「縁」もある。

好成績を上げている馬は優れた騎手のパートナーとして活躍していることが多いから、市場に出てくることは滅多にない。だから、「○○選手が売りたがっている」という噂が流れたら、すばやく動いて、購入契約を結ぶ必要がある。

そうでないと、世界中の騎手が虎視眈々と狙っている「跳ぶ馬」を手に入れることはできない。

日本では、まだ国際的な大会が開かれる機会が少ないし、高さ1・6mの4スター、5スタークラスの試合もほとんどないので、厳しいことを言えば、そこそこの馬でも記録を残すことができた。

しかし、あのまま日本で高校生をやっていたら、オリンピック出場はとうてい無理だっただろう。

だから、優秀な日本選手は海外でトレーニングを続けるのだ。

そういう意味では、今、私は世界最高クラスの環境にいると実感している。

実際にオランダに渡った1年後、2018年のLGCTモナコ大会でそれは証明された。

ダメ元で出場した2スターの試合で優勝することができたのだ。優勝賞金は日本円で15万円くらいだったが、日本を出て、初めて自分の力で勝ち取った賞金は、なんだかとても重たく感じた。

日本人は世界では勝てないと言われるなか、大きな成長を感じられた結果だったので、「オランダに来たのは正解だった」と思えた。

ヤン氏も喜んでくれた。ようやく認めてもらった気がした。

2018年、モナコで開催された「LGCT」。2スター（1.4m）で優勝したときの様子
©Longines Global Champions Tour

2018年、モナコで開催された「LGCT」で左からエドウィナ・トップス アレクサンダー（ヤン氏の妻）、ヤン・トップス、私、アティナ・オナシス（ギリシャ海運王の孫娘）、ジュリア・トップス（ヤン氏の娘）
©Longines Global Champions Tour

勝つための選択、恩人でもあるトレーナーとの別れ

2スターでの優勝をステップに飛躍できるかもしれない、と期待したものの、現実はやはりそんなに甘くなかった。

その後は伸び悩んだ。グレードの低い大会では勝てることもあったけど、3スター以上ではなかなか歯が立たないという状態が続いた。

理由は2つあった。

1つは経験不足。生まれたときから乗馬が身近なヨーロッパでは、小さな頃から本格的なトレーナーのもとでトレーニングが受けられる。奥さんや子どもたちが障害馬術騎手として活躍するヤン氏のように、強豪選手には親も騎手として活躍している人も少なくない。こうした時間や環境の差は、なかなか埋められない。

もう1つはトレーナーだった。

前述したように、3年にわたって指導してくれたマシモは公私ともに私の恩人と言える存在だ。基礎練習の大切さに改めて気づかせてくれたし、自宅で食事と寝る場所を提供してくれた。こっちに来て、最初にできた友人でもあった。

しかし、できることが増えていくにつれ、マシモの指導内容にはなんとなく行き詰まりを感じるようになっていた。

オランダに来た当初は、基礎練習のなかにも新たな発見があった。マシモが時間をたっぷりかけて指導してくれたおかげだと思う。しかし、最近では「いいぞ、マイク」とか「その調子でいこう」といった声掛けや、「踏み切り位置に気を付けるんだ」など、同じような指示の繰り返しが増えていった。その分、私が成長したということなのだろう。しかし、もっと上を目指すためには、物足りなさがあった。

「もっと上を目指すために、新しいことを学びたい」。そう思った私は、一大決心をした。

マシモとのトレーナー契約を解消し、ヤン氏の厩舎を出ることにしたのだ。

心は決まったが、ヤン氏の厩舎を出る前には、次の行先を探さなければならなかった。

これがなかなかの難題だった。障害馬術の世界には非常にたくさんのコーチがいるけど、教えるのがうまいかどうか、については情報がとても少ない。まさに「人脈」がものを言う世界だった。あれこれ悩んだ末、選んだのはイギリス人のトレーナーだった。

彼を選んだ最大の理由は彼の息子にあった。私より2歳若く、まだ10代なのに騎手として世界中を転戦している。２０１９年には最高レベルの5スターにも参加していた。

同世代ではトップクラスの騎手だった。今後、世界を目指す私にとって、最大のライバルともいえる選手である。

「彼を教えた人はきっと、最高のトレーナーに違いない」

そう考えた私は、早速、インターネットで調べてみた。すると、彼のトレーナーは実の父だと分かった。

そのトレーナー自身も現役時代はロンドンオリンピックで金メダルを獲ったメンバーだから、実績も申し分ない。早速、私は彼のもとを訪ねた。

「あなたにトレーニングを頼みたい」

そう頼むと、彼はしばらく考え、「すまない」と言った。

「今は、私の3人の子どもたちを教えるのに手いっぱいで。新しい人に教えられるような時間の余裕がないんだ。よければ、代わりの人を紹介するから、その人に頼んでくれないか？」

しかし、そこで引き下がる私ではなかった。

「私は東京オリンピック出場を目指して日本からやってきた。ほかの人ではなく、あなたに教えてほしいんだ！」

彼は困った表情を見せたが、最終的には「分かった」とトレーナーを承諾してくれた。

次の行き先が決まったので、私はマシモに契約の終了を伝えることにした。

「マシモ、君との契約を終わりにしたい」

変に言い訳はせずストレートに伝えた。マシモは最初、私が何を言っているのか分かっていないようだった。しかし、すぐに言葉の意味を理解すると、「信じられない」という顔をして、少しの沈黙のあと、「ＯＫ」と静かに答えた。

私は、その後、ヤン氏にも思いを伝え、厩舎をあとにした。

これまでの3年間が頭に浮かび、涙がこぼれた。

マシモのためにも、世界トップクラスの騎手にならないと——。そう思いながら、私はイギリスへ向かった。

コーチングはうまいけど？　お金と信頼性について

期待したとおり、イギリス人トレーナーとのトレーニングには新しい発見があった。

まず言われたのは、手綱を握る位置についてだった。私は長めに握っていたのだが、もっと短くしたほうが安定するということだった。さらに、障害へのアプローチ方法などコースのマネジメントについても、極端に言えば一歩単位で教えてくれた。

ちょっとしたことだが、おかげで、二段三段飛ばしで一気に成長できた、と感じている。

とても有意義なコーチングだったけど、残念ながら彼に長く教わることはできなかった。お金にまつわる良くない評判を聞いてしまったからだ。

これまで書いてきたように、障害馬術の世界は大金が動く。ところが、取引は限られた世界で行われ、人脈や口コミに頼る部分も大きい。お金を稼ごうと思えば、いろいろなやり方で大金を得られるので、顧客の利益より自分の利益を優先する人も少なくない。

もちろん、ビジネスである以上、そのあたりは戦略であり、損をしたほうは「見る目がなかった」「運がなかった」となる。もちろん、お金は大切だが、私は人を蹴落としたり、不幸にしたりしてまで自分の私腹を肥やそうとは思わない。だから、最初の頃は、相手の「言い値」で取引をしようとして、よく父に怒られていた。

イギリス人のトレーナーの厩舎に入る際、馬の購入について相談をしたときのことだ。

「オリンピックで勝てる馬を探している」と伝えたのだが、彼が勧めてきたのは健康状態に不安がある馬だった。

「これくらいの状態なら、私の獣医が問題なく治してくれるから大丈夫だ」

確かに、コーチとしての腕は一流なので、心配するほどのことじゃないのかもしれない。

そう思って騎手仲間に相談してみると、こう言われた。

「マイク、彼が提示する馬の値段は高過ぎるよ」

最初は信じ難かった。オリンピックで金メダルを獲得するようなトップレベルの選手だから、人格もすばらしいものだと思い込んでいたのだ。その後、私は周りの騎手やトレーナーに話を聞き、金額の妥当性を計算した。

結果、イギリス人トレーナーが私に伝えた金額はそれよりはるかに高いものだった。私は他の馬を購入することにした。

後日、聞いた話によると、イギリス人トレーナーはその後、ヤン氏に馬を買ってもらったらしい。ただし、その時の金額は私に提示したものの40％くらいだったという。

もともと、コーチ代もほかのトレーナーや厩舎に比べてかなり高めだった。そのことは最初から分かっていたので文句はないのだが、当初は「馬を購入してくれたら、トレーニング代はいらないよ」

などと言ってくれていたのだが、結局は、その馬に大きな利益を載せていたのだ。

一度、疑い始めたら、彼の言うことが信じられなくなってきた。

結局、技術的なブラッシュアップをしただけで、私はそのトレーナーから離れ、オランダのヤン氏の元に戻った。


イギリス人トレーナーのやり方は、ビジネスに対する日本と海外との考え方の違いなのかもしれなかった。日本ではそこまであからさまに騎手に高値で馬を買わせようとするトレーナーはいない。だが、海外ではそれほど珍しくはない。それだけのことだ。

パナソニック創業者の松下幸之助氏が大切にした「三方よし」（売り手、買い手、世間の3つが「良し」と思える商売をせよ、という商売の心得）という言葉があるように、日本では「顧客の利益を最優先することで、長いお付き合いを考える」という商売人の考えを重視する文化がある。ほかでもない、私の父はその考えを実行してきた経営者であり、ゼロから始めた事業の顧客は今では2万社にまで広がった。

イギリス人トレーナーの考えは、そんな「長年付き合いを続けていこうとする姿勢」とはまったく違って、目先にある自分の利益だけを求めていた。

この違いを実体験として学べたことは、将来的には良かったかもしれないが、どうせ、付き合うなら後者のほうが気持ちがいいし、長い目で見れば、得るものが大きいはず。私はそう確信している。

第３章

社長兼障害馬術騎手として世界を転戦
国境を越えるたびに広がる新たな出会い

世界でビジネスを展開するため、オランダで会社を設立

スタール・トップスでのトレーニングは、ヤン氏が見てくれることになった。マシモは、もう一度自分が選ばれると思っていたみたいで少し不服そうだったが、東京オリンピックまでは時間もなかった。金メダリストであるヤン氏に頼んだことは、今でも正しい判断だったと思っている。

それに、ヤン氏との距離が近くなることは、今後のビジネスにも大いに役立つはずだ。

私は、乗馬と並行して新たなビジネスへの地盤も少しずつ固めてきた。オランダに渡って最初にやったのは法人をつくることだった。

一緒に仕事ができそうな人が現れても「10代の日本人」では信頼がない。一応、国内ではグループの代表を務めているが、今はまだ、その名が世界的に知られた会社ではない。せめて、現地で受け皿になる会社を立ち上げ、「社長」という肩書でもないと話を進められないだろう。

起業するに当たり、私はヤン氏に相談して税理士を紹介してもらった。日本と一緒で、起業自体はそれほど難しいものではなかった。

会社の名前は「free town.jp bv」。世界と日本のビジネスを無償でつなぐ会社にしたい、という願いを込めたこの名前に、父も文句はないようだ。

もともと、父が私をオランダ修行に出してくれたのは「乗馬で世界のＶＩＰと人脈を築けるはず」

という展望があったからだ。父が一代で築いたグループの顧客２万社はすべて日本の会社だ。１万を超えただけでもすごい数だが、活動の場を日本国内に限ると、どうしても頭打ちになってしまう。よく知られているように、日本の人口は２００８年をピークに減り続けているし、高齢化も進んでいる。

では、何をすればいいのか？

世界と日本をつなぐ仕事がいいんじゃないか、というのが父の考えだった。私が馬に乗っているのもそのためだ。会社をつくったことで、障害馬術をきっかけに知り合った世界の人脈を生かして、新しいビジネスを創造できる基礎ができた。

ビジネスチャンスを獲得するため、障害馬術の世界大会に参戦！

ただ、世界のトップと日本の企業をつなぐ橋渡しをしようとあれこれ考えてみたけれど、最初のうちはまったくうまくいかなかった。私自身にビジネスの知識がなかったからだ。今、どんな企業が注目されているとか、最新技術にはどのようなものがあるとか。文化や芸術についても、学校で習ったことくらいしか知らなかった。

日本についての知識を増やすため、私は時間を見つけて本やインターネットのニュースを見るようになった。最近では、ＹｏｕＴｕｂｅでいろんな講座が無料で見られるので、すごく便利な世の中になったとつくづく思う。

日本の良さを知るには、他国との違いを知ることも大切だ。その点でも、世界各地を転戦する障害馬術は良い手段だった。

障害馬術の世界的大会は、1年を通じて世界各国で開催される。もともと障害馬術が盛んな欧米はもちろんだが、最近ではカタールやドバイ、サウジアラビアといった中東の国で開催される大会も多い。経済的にものすごいスピードで発展している中国でも障害馬術は注目が高まってきており、上海でも大会が開かれている。

新型コロナウイルス感染症のせいで、２０２０年は大会の多くが中止になってしまったが、例年、選手は渡り鳥のように世界中を飛び回っている。

２０１９年には私は18の世界大会に参加した。フランスだとカンヌやパリ、シャンティといった都市の大会、ほかにもモナコやアメリカのニューヨーク、ちょっとマイナーな国ではチェコでも大会に出場した。首都のプラハは街並みがとても美しいので、大好きな国の一つだ。

チェコの大会はＬＧＣＴでは珍しく屋内で開かれるのも魅力だ。照明や音楽が凝っていて、ほかの大会にはない独特の雰囲気が楽しめる。

世界各地で開かれる大会に参加すると、大会のグレードや成績ごとにポイントがもらえる。年間の獲得ポイント数がいちばん多い騎手がチャンピオンというわけだ。

本格的に世界を回るようになってまだ2年だが、その間、着実に成績は上げてきたつもりだ。最初は２スターでも上位に入れなかったのが、今年は４スターや５スターの大会でも好成績を上げている。

それに伴って、ビジネスでの手応えも感じられるようになってきた。４スター以上の大きな試合で有名選手と競り合えるようになると、周りの見る目が明らかに変わった。最近では世界的な著名人のなかにも私の名前と顔を覚えてくれている人が増えてきた。試合会場で声を掛けられることもある。

オランダに設立した会社「free town.jp bv」で彼らと契約できたケースはまだあまりないが、イタリアにある馬用サプリメントメーカーのUmikaの社長と日本分光株式会社の「ＡＳ４０５０」という機器を仲介するなどの成功例も生まれた。

そのときは滅多に褒めない父が「よくやった」と言ってくれた。これこそ父の言っていた「新しいビジネスモデル」なのだと理解した。

「イタリアに代理店を持っている日本企業は多い。しかし、イタリア人は日本企業の特殊な商品は日本でしか買えないと思い込んでいる。こういうビジネスチャンスはまだまだあるはずだ」

日本企業と現地企業を仲介するサービスは、すでに多くの企業が行っていた。ところが、父の描いたサービスは、いっさい手数料やマージンをもらわないものだった。その代わり、その会社に電気を買ってもらうというのだ。

仲介サービスだと、ビジネスは一度で終わってしまう可能性がある。また、次の受注がいつ入るかの予測もできない。一方、電気なら永続的に買ってもらえる。具体的には「電力販売業」ではなく「電力共同購買代理人」のことである。

子どものとき、いつも忙しいはずの父がキャッチボールや乗馬を一緒にしてくれた謎が解けた。知恵のビジネスだから時間に余裕があったのだ。

世界で勝つために必要なもの

世界を回るようになって気がついたが、海外で勝つために必要なのは騎乗の技術だけではない。1年をかけて世界のあちこちで開かれる大会に出場し、好成績を上げようと思ったら、人も馬も良いコンディションを保つことが不可欠だ。

障害を跳ぶのがどんなに上手でも、繊細過ぎると身体と心が持たない。

今は、他の騎手やスタッフとともに、ヤン氏のプライベートジェットで会場の近くまで乗せていってもらっているので、だいぶ楽になったが、2スターや3スターの大会にしか出られなかった頃は、移動の手配も自分で行っていたので、結構、大変だった。

違う大陸に移動するときには生活リズムや気候が極端に変わることもあるので、事前に入国して体調を整えなければならない。

移動時間も長いし、会場は毎月のように変わるので、1年を通して競技に参加するのは体力的にも厳しい。主催者側もメキシコシティの翌週はアメリカのマイアミなど、なるべく近い場所でツアーを組んでいるが、それでも2週連続で開催されるというのは、なかなかハードスケジュールだ。

２０１９年の6月は毎週のように大会があったし、7月に3つ、8月、9月は4つとハイシーズンはものすごくタイトなスケジュールだった。枕が替わったら寝付きが悪くなるという人や、飛行機や車の中では眠れないという人は、体力的にかなり厳しいだろう。

自分で言うのもなんだが、私は国内よりも海外のほうが向いている気がする。いつでもどこでも眠れるので、移動中に時間が空いたら飛行機でも車でも休むことができる。それでも長距離移動はつらい。


障害馬術は人馬一体の競技なので、ツアーで勝つには馬のケアも大切だ。「人間のケアよりも重視すべき」と言う人もいるくらいだ。

障害馬が1大会で受けるダメージは、当然、騎手よりも大きい。大会のあとには筋肉痛や関節痛などが出てくるから、痛みが出ないよう関節に注射を打つなどの予防的な治療をすることもある。そのあと3日間は激しいトレーニングはさせず並足だけで調整する。痛みが取れたと判断できたら、そこから大会に向けてトレーニングを始める。シーズン中はずっとその繰り返しだ。

国を越えた出会いで広がる世界

いろいろな国を回るなかで楽しみなのが、各国の料理を食べることだ。大会後は騎手の仲間と食事に行くことも多い。

食べたり飲んだりが楽しいというのもあるが、食事をするとその国の文化が見えてくる。

日本にいるときは、あまり食事にこだわりはなかったが、父が健康志向だったので、いろいろと食べさせてもらっていた。

食べ物がおいしいと思ったのはイタリアとフランスだ。ただ、どちらも肉料理はおいしいけれど、魚料理はちょっとクセがあった。日本の魚料理にはない独特の生臭さが残っている。どうやら流通段階における魚の扱いが違うことが原因のようだった。

ただその分、臭みを消す料理法が発達しているため、ソースがおいしい。

そんな話を父にすると「そこにビジネスチャンスがあるんちゃうか?」と半分呆れられながら言われた。確かに、日本には魚を締める技術や高度な冷凍技術、解凍技術がある。それを海外に紹介できたら、きっと欲しがる人や会社は多いと思う。

新鮮で臭みのない魚が市場に出れば、新しい料理も生まれるかもしれない。そしたら、またチャンスが広がる――。そうして世界中でいろんなことがつながっていく様子を想像したら、ワクワクした。

特にヨーロッパを旅していると、日本人に対するリスペクトを感じる。教養や文化について、「日本人はすばらしい」という声をよく聞くのだ。

例えば、フランスのサントロペに行ったときのことだ。ホテルで髪を切ろうと店に入ると、「日本人ですか?」と声を掛けられた。「そうです」と答えると、美容師は嬉しそうに服の袖をまくり、私にタトゥーを見せてくれた。そこには「ドラゴンボール」のイラストが描かれていた。

最近では動画配信サービスなどで、日本のコンテンツに触れる機会も増えているせいか、ほかにも、同世代の騎手やグルームとの会話では、ときどき日本のアニメや漫画の話題が登場する。イタリアのホテルでは、日本語で話し掛けられたこともあった。

アニメや漫画は私も好きだが、他にも、日本にはたくさん良い文化や技術があることを、これからは私が伝えていきたい。

世界的富豪ビル・ゲイツの娘や海運王オナシス家の娘も参加する障害馬術

私と同じく世界を転戦している騎手のなかに、マイクロソフト社の創業者として世界的に有名なビル・ゲイツ氏の娘、ジェニファー・ゲイツがいる。世界的な富豪の娘と聞くと「住む世界が違う人物」と思うかもしれないが、私から見れば「同じ20代なかばの障害馬術騎手」だ。

ツアーを回る騎手はライバルだが仲間でもある。好成績が出たら称え合う、失敗したら励ましの言葉を掛け合う。昔のオリンピックや世界大会は、国同士の代理戦争のような一面もあったようだが、現代のスポーツ選手たちは、純粋に国や人種を超えて一緒に競技を楽しんでいるように思える。

だから、競技会で一緒になれば、コースのセッティングや騎乗のプランなどを教え合ったりする。父からは「早く親父を紹介してもらえ」と冗談交じりに言われるが、普通の友人だって「お父さんを紹介してほしい」なんて言われたら驚くだろう。しかも、相手の父親は総資産が13兆円を超えるといわれるビル・ゲイツ氏だ。

「この人は私を利用している」

そう思われたら、今の友情もなくなるだろう。日本にいる友人たちも、私が「社長の息子」だから友人でいてくれるわけではない。


同じような境遇の騎手にアティナ・オナシスがいる。20世紀最大の海運王と呼ばれたアリストテレス・オナシスの子孫だ。

アリストテレス・オナシスは暗殺されたアメリカ大統領、ジョン・F・ケネディの妻だったジャクリーンと再婚したことでも知られている。オナシス家は世界でも有数の資産家家族だ。総資産は1兆3000億円といわれている。私よりは10歳ほど年上だが、障害馬術の仲間として親しく話をしてくれる。知識が豊富だし、話もとても面白い。

今はまだ、彼女たちとは「友人」止まりだが、そのうち二人と何か新しいことができたら面白そうだ。

王族も「下ネタ」好き？
試合後のバーで友情が芽生えたカタールのアリ王子

中東カタールの王子、アルターニ・アリとも仲良くなった。王族でありながら障害馬術の騎手として世界を転戦している人物だ。年齢は40代だが「友人」と呼べる関係になっている。

彼と初めて出会ったのもスタール・トップスだった。もともとアリ王子のほうが先に、スタール・トップスに馬を預けて練習をしていたのだ。

オランダに来た当時の私は、時々厩舎で見掛ける「アラブ系のおっちゃん」がどういう人なのかずっと知らずにいた。アリ王子は気さくな人で、何も知らない私が英語で「おはようございます」と挨拶をすると、いつも気軽に「おはよう」と応えてくれた。

文化も違うし、育ってきた環境も違う。年齢もかなり開きがあるうえ、当時の私のつたない英語では会話も難しい。だから、こんなに親しくなれるとは思っていなかったというのが正直なところだ。

そんなアリ王子と親しくなれたのは、チェコ大会が終わったあとだった。同年代の騎手たちと食事を楽しんでいたら、アリ王子とヤン氏がやってきた。東京オリンピックの話になり、アリ王子はカタール代表として出場するつもりだと言う。そして私にこう言ったのだ。

「日本の女性はすばらしいと聞いている。誰か紹介してほしい」

私は一瞬、何のことかと思ったが、ニコニコしたアリ王子の表情でジョークだと分かった。

「競技があるから、遊んでいる時間はないでしょう?」

「じゃあ、開会式の1週間前には行くようにするよ」

アリ王子はまたニコニコしながら言った。

「それなら」と、横で聞いていたヤン氏がすかさず口をはさんだ。

「私は1カ月前に日本に行くよ」

それを聞いた私とアリ王子は顔を見合わせ、3人は大笑いした。

もちろん本気ではない。でも、国や年齢や文化を超えてこうして笑い合えたのは嬉しかったし、アリ王子との距離が一気に近づくのを感じた。

そのあとは、お互いの国の女性や文化についての話で盛り上がり、ここではちょっと書けないような下ネタも飛び出した。この経験から万国共通で盛り上がるのは、異性や恋愛などのゴシップだと分かった。大会が終わったあとの心地良い疲労感もあって気が緩んだのかもしれないが、普段、王族として公務をこなすときには見られない一面を知ったようで、ちょっと得をした気になった。

今では、アリ王子は良い飲み仲間になっている。

世界で人脈を築くうえで「お金」の力は大きい。しかし、一方でお金だけでは築けない関係があるというのも事実だ。ＬＧＣＴには世界中から資産家や富豪が訪れると前述したが、彼らにお金で交渉しても、おそらく思うような効果は得られないだろう。

それどころか、ビジネスの話をした途端に、関係は崩れてしまうかもしれない。彼らが重視するのは人間性だと思う。「富豪の娘」や「中東の王子」ではなく、個人として接すれば、敬意ある対応を示してくれるはずだ。

一歩間違えば命の危険？　砂漠の国で車の盗難

世界を転戦していると、危険な目にも時々遭う。２０１９年には、サウジアラビアで車の盗難被害を受けた。大会に出場するため、グルームが先に現地へ向かい、あとから来る私と馬を受け入れる準備をする予定だった。空港に着いたグルームはレンタカーを借りて、移動を始めた。サウジアラビアの国土は日本の6倍ほどだが、公共交通機関はあまり整備されていないので、移動は車になる。

私が遅れて空港に到着したとき、携帯が鳴った。

「申し訳ありません！　車が盗難被害に遭ってしまいました……」

事情を聴くと、途中、給油をしようとガソリンスタンドに寄ったとき、レジで会計するため車から離れた瞬間、誰かが車に乗り込み、そのまま去っていったのだという。その車には、大会用の荷物やグルームの貴重品が入っていたが、幸い、本人にケガなどはなかった。

「とにかく、君が無事でよかったよ」

そうは言ったが、車の盗難自体が初めてだったので、何をどうしていいかさっぱり分からなかった。とりあえずレンタカー店に連絡をし、車種とナンバーを警察に伝えて待つことにした。

「車が見つからなかったらどうしよう……」と不安になっていると、警察から「車が見つかった」と連絡が入った。ガソリンスタンドから少し離れた砂漠に乗り捨てられていたという。

大会用の荷物はあったが、3000ユーロ（約40万円）ほど入っていたグルームの財布はなくなっていた。

サウジアラビアやカタールなど、中東は今も政治的に不安定な状況が続く。だから、夜はできるだけ出歩かないようにしているし、危険だというところには近づかないようにしている。

このように書くと「中東は怖いところだ」と思われてしまいそうだが、そこに暮らす人には明るく人懐っこい性格の人も多い。先ほど紹介したアリ王子も中東の国カタールの王族だが、ヨルダンのモハメッド王子も今、ともに騎手としてＬＧＣＴで戦っている。彼もすごく気さくで「今度、家に遊びに来い」と私を誘ってくれる。

同じ国に生まれても互いに争う人がいれば、国や宗教が違ってもすぐに友人になれる人もいる。平和な日本であまり実感したことはなかったが、今も紛争はどこかで起こっていて、私のいる世界ともつながっている。私に何ができるか分からないが、できることはしたいと思うし、一日でも早く戦いが止むことを願っている。

有名選手を抑えてサウジアラビアの4スターで優勝

スタール・トップスでの練習の成果が出始めたのは、2019年の夏だった。サウジアラビアのリヤドで開催された4スターの大会で優勝したのだ。

予選から好調だった私は減点ゼロで8位につけた。決勝は厳しい闘いだったが、自己ベストのタイムをたたき出すことで優勝できた。

このとき、1・3秒のタイム差で2位になったのはマーク・セイリング。世界のマイスターと呼ばれる有名な騎手で、彼に勝てたことは大きな自信につながったし、知名度という面でも大きな効果があった。

優勝後には、小さな子どもが私のところにやってきて「サイン、プリーズ」と言って手帳を差し出してきた。最初、私は別の騎手にサインを求めているのかと思いキョロキョロとあたりを見回したが、その子は私のほうをまっすぐに見つめている。

こんなことになるとは思っていなかったので、当然、自分のサインなど持っていなかった。私はぎこちない筆跡で名前を書き、その子に渡して握手をした。

「サンキュー」

そう言って笑うと、その子は親のほうへ戻っていった。自分が野球やサッカーの人気選手になったような気がして、恥ずかしいような嬉しいような、不思議な感覚だった。

このときの賞金は700万円。

5スターなどハイレベルの大会に出場し好成績を収めるようなトップ選手は、年間で数千万円単位の賞金を獲得している。そんな騎手に比べたらまだまだだが、当時の私にとっては大金だった。


さらにその1年後には、上から2番目のグレードである4スターの大会で優勝できた。サウジアラビアで開かれた大会で、この優勝はいろいろな意味で大きかった。

自分にとっては、基礎練習から始めたオランダ修行の成果が結果につながったことで、「世界を相手に戦える」という自信の根拠になった。

障害馬術の関係者やファンの目線も変わった。それまでは「その他大勢」でしかなかった。日本国内で評価されてオリンピックに出場できたとしても「注目の選手」とはならなかったのが、少しは注目してもらえるようになったと感じている。

年間の賞金額が数千万円と聞くと、とても夢のある世界に思えるかもしれない。だが、実際には馬の飼育費や大会中の移動費、宿泊費、厩舎の使用料など、大会に参加するためのコストも高い。

結局、収支を計算するとそこまでコストパフォーマンスの良いスポーツではない。結果が出せるようになるまでは赤字続きだ。

だから、賞金以外で利益を上げなければいけない。今、点から線になりつつある人脈が、さらに太い線になっていけば、近い将来、きっと大きな成果につながるはずだ。

私はそう信じて、今日もオランダで馬に乗っている。

2019年、リヤドで開催された「LGCT」の様子
©Longines Global Champions Tour

2019年、リヤドで開催された「LGCT」の4スターで優勝
©Longines Global Champions Tour

第４章

何気ない会話から生まれたビジネスチャンス
世界はまだまだ日本の技術を欲しがっている

障害馬術への逃げが生んだ、最初の失敗

オランダに来て5年が過ぎた今、騎手としてはかなり成長した実感がある。日本では1・2mの障害を跳ぶのがやっとだった私が、今は1・7mの障害を跳び、大会でも優勝できるようになった。

まだまだ届いてはいないけれど、世界のトップが見えてきたように思う。

ただ、にちほグループの代表取締役としては、まだまだ未熟としか言えない。父に頼ることも多く、「乗っ取り未遂事件」のときも、父がすぐに対応してくれたから乗っ取られずに済んだ。

この本の執筆のために改めて自分のプロフィールを書いてみたが、騎手としての成長ばかりでビジネスの話題がほとんどなかった。英語はなんとか不自由がないくらいのレベルになったが、世界でビジネスをするなら、本当はオランダ語やほかの言語についても、もっと勉強しなければいけないはずだ。

実際、過去にはオランダ語の理解が足りなかったせいで、税理士から不正行為をされたこともある。

私はオランダに来てすぐ、現地法人として「free town.jp bv」という会社を設立した。障害馬術の世界ツアーで培った人脈を活かし、新しいビジネスを始めるためだ。

私には会計や法務の知識がなかったので、すぐに会社のお金や書類を担当するオランダ人税理士を雇ったのだが、彼が帳簿をごまかしていたことが判明したのだ。

税理士が出してきた書類でそのまま納税手続きをしようとしたら、さっそく、父に注意された。

「間違っているかもしれないから、正育がきちんと確認しろ」

そのとおりなのだが、オランダ語で書かれた書類を翻訳して理解するのはとても難しいから、どうしても後回しになってしまう。頭では分かっていながらも、当時は以前にもまして楽しくなってきた障害馬術のトレーニングにのめり込んでいたのだ。

すると、父から「この税理士の作った書類はでたらめだ！　本当の税理士かどうかも疑わしいから、入れ替えるように」と言われ、別の税理士が作成した「free town.jp bv」の決算書が示された。確かに、元の税理士の数値には、おかしい点があった。

なぜ気づいたのか、父は教えてくれなかったが、きっと長年の経験からくる勘のようなものもあるのだろう。父からは「物事の本質を見ないと、こういうことは分からない。もっと悩め」とだけ言われた。

18歳で日本を飛び出した「代表取締役」の苦悩

「世界一のトレーナーのもとで練習をすること」という方針を実現した私は、ちょっと浮かれていた。「なんとかなるやろ」と、ろくな準備もせずに訪れたオランダで「見事に結果を出した」と思っていたのだ。だから、ビジネスも「なんとかなるやろ」と思い、先ほどのような失敗をしてしまった。

スタール・トップスへのチャレンジは確かに冒険だった。でも、ヤン氏のビジネスはサービスの提供だから、お金さえ払えば練習環境を提供してくれただろうし、極端にいえば、誰でも騎手として厩舎に入ることはできただろう。彼が売っているものを買うだけだ。

でも、私が目指すビジネスは違う。

モノやサービスを売るのではなく、人と人とをつなげて新しいビジネスを作ることだ。自分も相手もが得をする提案をして、相手にＯＫと言わせなくてはいけない。そのためには、相手にとっても得なビジネスプランを立てて、それを理解してもらえるよう説明する必要がある。

私が提案するビジネスを一緒にやりたい、と思ってもらえるようなコミュニケーションが欠かせないのだ。


父は「もっと悩め」と言ったが、もちろん、まったく悩んでいないわけではなかった。

しかし当時の私は、言葉は分からず人脈もゼロ。大人ならお酒でも飲みながら交友関係を広げていけたかもしれないが、日本から来た18歳の若者に何ができたというのだろう。

ビジネスを進められない間、私は障害馬術の練習に打ち込んだ。何か計算があったわけではない。できることはそれだけだったから、毎日何時間も馬に乗り、筋トレにも励んだ。

今にして思うと、それが良かった。

集中して練習できたおかげで、障害馬術の技術は短期間でアップした。数カ月で、日本にいるときには跳べなかった高さの障害をほとんど失敗することなく、跳べるようになったのだ。

大会でも結果が出せるようになった。レベルの高い大会でも勝てるようになり、そのうちにだんだん、私の名前を知っている人が増えた。障害馬術のファンである富裕層にも「Ｍｉｋｅ」という日本人青年の名前が浸透していった。

あれから５年、今はいろいろなビジネスを進められそうな人脈ができつつある。

騙し騙され……。馬の売買はビジネスの教材

障害馬術の経験のなかで、今後のビジネスに役立ちそうなものもあった。馬の買い付けだ。

私は今、馬を６頭持っている。自分で交渉して購入したのだが、これがとても難しかった。というのも、馬には定価がないし、査定の仕方が決まっていないからだ。

馬の価値を決める要素はとてもたくさんある。年齢、体格、これまでの成績、けがや病気といった問題の有無、性格……。たくさんあり過ぎる上に、私との相性もある。

周りの意見も参考にはするが、それだって基準はあいまいだ。結局、口コミや人脈など、人に頼るしかない。適正価格であれば問題はないのだが、なかには、理由もなく高値を付ける人もいる。

だから、売り手と買い手の「取引」が始まる。

買う前には、実際に乗って確かめることもできるが、短時間では分からないことのほうが多い。良

い馬だと思って買ってみたら全然乗れなかった、ということもある。通常、馬と騎手が慣れるためには半年以上かかるので、「少し調教すれば何とかなるか」と思って買ってみたものの、思い通りの伸びしろがなかったというものだ。

身体にバネがあって高い障害を跳べるけれどコントロールが難しい馬、というのがいる。騎乗テクニックのある人なら、調教で跳躍力をものにできるだろう。でも、テクニックが未熟であれば、馬の能力を活かせないので宝の持ち腐れになってしまう。

また、特別に跳躍力が高いわけではないが「バランスの良い馬」というのもいる。よく言うことを聞いてくれる馬なら、騎手のテクニックに頼らなくても安定した走行ができるし、特別にコントロールしなくても一定のペースで走ってくれるし、騎手がアクションを起こすと素直に従ってくれる。


口が「硬い」「柔らかい」という違いもある。

騎手は馬の口にはめた「はみ」という馬具で馬をコントロールする。「はみ」につながっている手綱を引いたり緩めたりして、進みたい方向や速度を馬に伝えるのだ。「口が硬い馬」というのはこの「はみ」でのコントロールに対する反応が悪い馬、「口が柔らかい馬」というのは素直に反応してくれる馬となる。

自動車のハンドルと同じで騎手にも硬さに対する好き嫌いはあるが、一般的には「柔らかい馬」のほうが乗りやすいとされる。ただ、試乗のときには、直前に乗っていた人の癖で馬の個性が隠れてしまっていることもあるから、買ってしばらく乗ったら全然違う馬になってきた、なんてこともあり得る。

馬は頭がいい動物なので、騎手が失敗して馬が痛い目をみたり、無理に言うことを聞かせようとしたら、不信感を抱くことも珍しくない。

さらに言うと、試乗の直前、馬に薬を使う売り手もいる。買い手が「おとなしくてコントロールしやすい馬だ」と錯覚するよう、鎮静剤を飲ませたり注射したりする場合もあるのだ。

試乗の際、神経質な馬は普段と違う雰囲気で知らない人間を乗せるのを嫌がるケースがある。騎手の指示に従わなかったり立ち上がったりすると「乗りにくい馬だ」と思われてしまうので、それを防ぐためにも鎮静剤を使うのだ。

その情報を教えてくれたのはベテランの騎手だったのだが、「さすがに嘘でしょう？」と私は思った。馬を高く売るために鎮静剤を使うなんてあり得ない、というのがそれまで私がもっていた常識だったからだ。

少なくとも、日本にいるときにそんな話を聞いたことはなかった。でも、海外で日本の常識は通用しない。「生き馬の目を抜く」とは言うが、「活きのいい馬に鎮静剤を打つ」のが世界の常識なのだ。

馬の売買における私の知らなかった常識は、世界の厳しさを体感するいい教材になっている。もちろん、そのまますべてが当てはまるわけではないが、これは世界でビジネスをするうえでも役に立つに違いない。

信頼できるグルームを探せ――仕事に関する考え方の違い

ビジネスでは、お金の管理よりも人間関係のほうが難しいとよく聞く。お金はどこから見てもお金だが、人はしばらく付き合ってみないと、どんな人なのか分からない。能力があって信頼できるパートナーを見つけるのは一苦労だ。

そんな人事の苦労を私はグルームの雇用で経験してきた。馬の世話をするのがグルームの仕事だが、馬はとても繊細だ。その状況を見極め、適切なケアをし、大会で最高のパフォーマンスを発揮できるよう、飼育するのはとても難しい。

能力と誠実さ、根気がないとできない。だから、能力のある人とそうでない人の差がとても大きいと感じる。


グルームには厩舎で世話をする「ホームグルーム」と競技会に帯同する「ショーグルーム」がいる。「ホームグルーム」は、エサをあげたり運動させたりするだけなので、それほど高い技術や知識は必要ない。

一方、「ショーグルーム」は国境をまたいで馬を運び、慣れない環境でも健康状態を維持しなければいけないので、大変な仕事だ。大型トラックの運転免許がいるし、税関などの対応や医療の知識も必要だ。

特に、馬の体調が悪くなったときには彼らが頼りだ。ホームグルームなら、普段からかかりつけにしている獣医師に連絡を取るだけで済むが、海外で信頼できる獣医師を見つけるのは難しい。

馬の調子がおかしくなったら、ショーグルームが原因を判断して、時には薬を注射することもある。騎手が世界で好成績を収めるためには、優れたグルームが絶対に欠かせない。トップクラスの騎手はやはり、すばらしいグルームを雇っている。

私もこれまで、グルームを何人も雇ってきた。スタール・トップスで練習するようになった最初の頃は見つけ方も知らなかったので、とりあえず、日雇いで働いてくれるグルームを使っていた。

スペイン出身の彼は英語を話せなかったため、意思の疎通に苦労した。こちらの希望がなかなか伝わらないし、相手が言っていることも分からない。

「明日は○時に馬に乗るから用意しておいて」とか、「前脚に炎症があるようなので、乗らないほうがいいですよ」といった話をするだけでも一苦労だった。

その後、世界を転戦するようになると、グルームの重要性を肌で感じるようになった。

今のショーグルームのシェリフとは2年前に知り合ったのだが、信頼して任せられる人に出会えた、と思っている。

グルームの雇用は誰かの紹介に頼るしかない。今のショーグルームは知り合いのイタリア人騎手に紹介してもらった。

面接で相手の知識や人柄などがきちんと把握できたらいいのだが、海外では難しいと感じることが多い。日本人はある程度の仕事ができていても、謙遜して「できません」ということがあるが、欧米では「できるか」「できないか」で答える人が多いように思う。完璧ではなくても、やったことがあれば（知識があれば）「できる」と答えるのだ。

だから、人脈が頼りになる。信頼できる人が「仕事のできるグルームだよ」と教えてくれた人は、確かに仕事が丁寧で人柄も良かった。海外でビジネスを広げるうえで、人脈がどれほど大切か、障害馬術を通じて実感することができた。

こうしたやり取りは、今後、新しいビジネスでパートナーを選ぶときにも、必ず役に立つはずだ。

いきなり訪れたビジネスチャンス！「日本の検査機器を買いたい」という相談が

障害馬術の世界ツアーに参加し始めた頃は「日本人にしてはうまく障害を跳ぶ青年」くらいにしか思われていなかった私が、最近はようやく、会社を経営していることが知られるようになってきた。

そのおかげで、最近ではビジネスの話も舞い込んでくる。

イタリアで馬用のサプリメントを作っている実業家から、「日本の検査機器を買えないだろうか？」

という相談を受けたのだ。彼のサプリメント工場で使いたいので、ある日本メーカーの機械を買いたいという。

特に輸出が規制されている機械ではないので、日本から取り寄せることは誰でもできる。ただ、かなりの台数を買うのに加え、メンテナンスや使い方のレクチャーもしてほしいので、きちんとメーカーとつないでくれる人がいたほうが安心できる、ということだった。

さっそく、私はその日本の検査機器メーカーに連絡を取ってみた。

するとそのメーカーはすでにイタリアに進出しており、イタリア国内にサービスセンターもあるから、そこで購入してくれたらきちんとサポートにも対応するということだった。

そう伝えると、イタリア人実業家はとても喜んでくれた。「調べてくれたマイクにギャラを支払うよ」と申し出てくれたが、私は断った。

この話を父に告げたところ、「紹介だけして、お金はもらうな」と言われたからだ。

「お金をもらったら単なる『仲介業者』になってしまう。そうじゃなくて、お前はその実業家の『友人』になれ」というのが父のアドバイスだった。

確かに、父の言うとおりだと思った。

わずかな金額をもらって仲介業者になるより友人になれ、という父の教えに従った結果、彼とはいろいろと親しく話ができるようになった。

日本企業の多くは、高い技術力を海外に売り込めていない

先の例で感じたのは、海外の日本企業に対する信頼感だった。

イタリア人である彼に教えてもらうまで、私はそのメーカーの名前も知らなかったし、海外の企業が欲しがるような技術力があることも知らなかった。しかし専門的な業種には、一般には知られていなくても、高い技術や信頼のある企業がいるものだ。

実際、その日本メーカーは海外の企業からは高く評価されていた。ほかにも同じような機器を作っているメーカーはあったのに、イタリア人実業家は「どうしても、あのメーカーのものが欲しい」と言っていた。欲しくてたまらなかったから、ちょっとした知り合いでしかなかった日本人騎手の私にまで、声を掛けてくれたのだろう。

私が知らないだけで、日本にはそんな会社――世界から高く評価されているけれど、うまく売り込めていない会社がものすごくたくさんあるのだと思う。検査機器のメーカーも、現地のサービスセンターを周知できていなかった。これでは、せっかく日本と同じようなサポート体制を構築したのに、売上にはあまりつながっていなかったのではないかと考えられる。

その検査機器メーカーでは、海外向けのホームページなどを作り、世界に発信をしていたが、日本国内には、それすらできていない会社がたくさんありそうだ。試しに日本の企業のホームページをいろいろのぞいてみたら、英語で紹介している会社はほとんど見当たらなかった。

これから必要なのは世界と日本をつなぐ人間

日本の会社が世界に向けて商品やサービスを売り込むためには、何をすれば良いのか？

やり方はいろいろあると思うが、障害になるのはやはり言葉が分からないことや人脈がないことだと思う。

大きな会社の場合には語学が得意な人材を採用したり、海外の企業と提携したりして、そういう壁を乗り越えることができる。売上が大きくなりそうなら、商社が手伝ってくれることもある。私が考えている「日本の企業と世界の企業をつなぐ仕事」というのはもともと、商社の専門分野だったはずだ。

ただ、優秀な人材をたくさん抱えている商社は大きなプロジェクトには適しているが、関係する人が多い分、動きが鈍い。何かを決めるにも、現場で作成した計画を本社で稟議して、関係者の承諾を経てから実行となる。


私が考えているやり方は違う。会社のトップ同士を引き合わせて即決で仕事を進めるのが、今の人脈を利用する最高の強みだと思うからだ。

日本の技術を求めている海外の実業家と、すばらしい技術を持つ日本の中小企業を私が紹介し、ビジネスをまとめる。

決裁権を持つ者同士だから、話が合えばすぐに動き出せるし、何かあってもすぐに方向を変えられる。

産業革命以来、世界は大量生産、大量消費のビジネスモデルで発展してきた。それが今、急速に変わってきている。人々の好みは多様化し、大きな流行が続くことはあまりない。小さな流行が局地的に発生しては消える時代だ。

だから、小さな仕事をすばやく始められる仕組みが必要になってくる。小回りが利いて、幅広い人脈を持つ人間が、世界と日本をつなぐカギになると確信している。

アリ王子の提案で、中東に日本の新幹線が走る？

長らく不安定な状況にあり、「閉ざされた地域」という印象の強い中東諸国だが、近年は公共交通機関を整備するなど、観光産業に力を入れているらしい。

例えばサウジアラビアでは、2018年の秋にイスラム教の2大聖地と言われる「メッカ」と「メディナ」を結ぶ高速鉄道が開通。カタールでも、2022年開催のサッカーのワールドカップを前に鉄道建設ブームが起きている。地下鉄や路面電車、国営の貨物鉄道などのプロジェクトが進んでいるという。

こうした流れからか、私はカタールのアリ王子から「マイク、カタールに日本の新幹線を持ってきてくれよ！」と言われたことがある。

「日本の新幹線はとても高品質なんだろう？　ぜひ、私の国にも欲しいよ」

カタールは秋田県ほどの大きさの国だが、その中で、伝統的なイスラム建築や広大な砂漠、近代的な高層ビル群やユニークな形の建築物などが入り交じるとても面白い場所だ。近年はリゾート地としても人気で、首都のドーハにはインターコンチネンタルやマンダリンなどの高級ホテルも数多く存在する。２０１９年にはメトロ（地下鉄）が開通するなど、交通網も発達してきているので、そこに日本の新幹線もというのだ。

このときはジョークで済ませたが、国の政治に近い王族なら、その国の今後の方針や国内の最新情報を持っているのだと改めて気づかされた。実現はしなかったが、新幹線が海外で高い評価を受けているということは分かった。こうした何気ない言葉のなかにも、ビジネスのヒントは隠れている。


ただ、この話には後日談があった。先ほど紹介したサウジアラビアの高速鉄道の建設で、スペインの前国王に不正疑惑がかけられたのだ。

サウジアラビアでの鉄道工事の請負先は、当初、フランスが優勢とされてきた。だが、サウジアラビア王室と歴史的にも友好な関係にあるスペインが、国王（当時）を使ってサウジアラビアにうまく取り計らってくれるよう依頼をしたという疑惑が浮き上がったのだ。後日、スペイン国王がスペイン国内の企業から金品を受け取ったとして、２０２０年に捜査が始まっている。

大きな力を持つ相手とのビジネスには危険も潜んでいる。お金の動きや周囲の人の動き、法律など、まだまだ身につけなければいけない知識は山ほどある。

カギはマッチング！　世界は日本の技術を欲しがっている

海外で話を聞くと、「日本は技術力に優れた国」というイメージを持っている人が多いことを改めて感じる。

ハイテクの分野では韓国や中国の追い上げが激しい。スマートフォンのシェアも上位5社は韓国、中国、アメリカの企業で、日本がまったく食い込めていないのはちょっと悔しい。

ただ、日本製の部品はとてもたくさん使われているという。性能が信頼できるし、流通を含めた生産体制もしっかりしているなどの理由で、世界的なメーカーで日本企業の部品を使うケースは多いと聞く。

私の周りでも「日本の技術は信頼できる」と感じている人が多い。事故を起こさない、ミスをしない、対応が誠実……というのが、海外の人が日本人や日本の会社に対して持っているイメージだ。

だから、前の項で書いたように、新幹線は高く評価されているし、イタリアのサプリメーカーが欲しがった検査機器のように、商品の指名があるという場合がたくさんある。

以前、父は友人の紹介でアブダビ政府（アラブ首長国連邦）の大臣（国王の弟）と謁見したことがある。そのとき、父が「日本の何が欲しい？」と聞くと、こう言われたそうだ。

「新幹線と砂漠で使う農業用ハウスだ」

日本の代議士を通じて調べてもらったところ、「すでに鉄道会社、車両会社などで事業組合をつくってアブダビで交渉しているので間に入れない」との返事が来ていた。

海外にもっとしっかりと情報を発信できていたら、技術力を武器に売上を大きく伸ばせる企業が本当にたくさんあるはずだ。海外の資産家や経営者と話をすると、多くの人が日本企業の技術力はとても魅力的だ、と評価している。

そのことを日本でもっといろんな人に伝えたい、と私は考えている。

日本の中小企業と世界を結ぶビジネスを生み出せ

父もそうだが、中小企業の経営者は皆毎日、会社を良くしようと頑張ってきたはずだ。私が言うのは失礼だが、それでもうまくいかないときには、発想を変える必要があると思う。

安定的に仕事をくれる日本の顧客も大事だ。でも、世界に目を向けたら、実は高く評価してくれる人や会社に出会えるかもしれない。日本の外には、日本の企業に注目している人たちがとてもたくさんいる。

「マイク、こんなことができる会社は日本にないのかい？」

そんなふうに尋ねられることが、少し前から増えている。


日本の企業でも、規模の大きな会社の場合は、すでに海外に進出していたり、きちんと情報を発信していたりすることが多い。商社やコンサルティング会社が橋渡しをしてくれることもある。

だが、中小企業の場合は、海外に出て行く手段や人脈もないというケースが多いと思う。商社やコンサルティング会社もなかなか手伝ってくれないだろう。

そこで私の出番だ。障害馬術を通じて築いた特別な人脈を活かして、必要としている人や会社同士を結び付けられる人間はほかにあまりいないと思うからだ。

コロナのせいで、今はそんな声になかなか応えられないが、ワクチンの接種も始まっているため、そう遠くない未来に、元どおり、世界のあちこちに出掛けられるようになるだろう。

そのときは止まっていた経済が一気に動き出すはずだ。東京五輪後は私も騎手から経営者にシフトして、マッチングの仕事を本格稼働させたいと思っている。

社長を帰らせたら損するぞ！　交渉ではまずメリットを提示する

会社と会社をマッチングするには、相手の国のビジネスの慣習を理解しておく必要がある。日本は建前の文化なので礼儀を大事にする。だから、あまり前向きじゃないビジネスの提案であっても、最後まで話を聞いて「検討いたします」と伝えることが多い。断るにしても、はっきりと断らず、返事をしないことで意思を伝えることもある。

金額についても、直接的なお金の話を敬遠しがちな日本では、商談の最後に話題になることが多い。しかし海外では、そういう文化はあまり見掛けない。ビジネスで一番大事なのは「利益」なので、交渉は数字から入る。話がストレートで分かりやすい。

次回の取引で儲けを出すから、今回は悪い条件でも我慢してくれという意味の「泣いてくれ」といった交渉は受け入れてもらえない。前に父が外国人相手にそう伝えようとしたら、通訳がＮＧを出したそうだ。英語には適切な言葉がないらしい。

以前、父はビジネスの提案をするためにアメリカのある会社を訪れた。きちんとアポは取っていなかったというが、受付で「〇千万ドルの利益が出る取引の話がしたいから、交渉ができる相手を出せ」と告げたそうだ。

飛び込みで行ったのに、相手はすぐに父を呼び入れて、話を聞いてくれたらしい。礼儀なんて二の次、メリットを示す相手には誰にでも会う、というのが海外のビジネスマンだ。

父はそういうビジネススタイルが向いているようで、海外の顧客から「日本人じゃないだろう」とよく言われている。

以前、イギリスの会社を訪れたときもそうだった。相手は日本の一部上場企業が売り込みに行くような大手だったので、中小企業の代表が訪れても最初は相手にしてくれなかった。

そこで、父は「日本の大手からは担当の社員が来るだけだろう？　彼らは調査に来るだけで、契約はしてくれないぞ」と告げた。

そのうえで「うちは社長の私が来ているんだから、今すぐ話を決められる。このまま帰したら損をするぞ！」と啖呵を切った。

相手は父の言い分に納得し、話を聞いてくれたそうだ。

何が欲しい？　相手のニーズを見抜くのが商売のコツ

父はよく私に「相手が欲しがっているものを考えろ」と言う。

自分が売りたいものを売るのではなく、相手が欲しいものを差し出すのが、ビジネスの基本だと教えられてきた。

一代で年商60億の会社を築いた父が、そんなビジネスの基本を身につけたのは小学生の頃だった。私の祖父は父が小さい頃に亡くなってしまった。その後、祖母は駄菓子店を始め、父を育てた。だが、仕入れは息子である父に任せていたという。

「お母さんは、子どもが欲しいものなんて分からん。そやから、お前が問屋さんに行って欲しいものを仕入れてくればいい」

そう言われた父は、母の教えどおり、小学生の自分が欲しいものばかり仕入れていた。それが売れた。

一方、「値引きするから」と問屋のおっちゃんに言われて買った駄菓子は、値段が安くても全然売れなかったそうだ。そうした経験から、私の父は「相手（ターゲット）が欲しいものを提供すること」の価値を理解したのだった。

海外で暮らしていると、その考え方が世界共通のものだと分かる。

人が欲しがるものはいろいろだが、インターネットや流通網が発達した今では、世界のどこにいても、ほとんどのものは手に入る。ただ、その情報を知っていればの話だ。

以前、サプリメーカーが日本の機器を探していたように、中東諸国が新幹線を欲しがっていたように、いい情報をいち早く知ることが大切だ。

幅広い人脈はその意味でもとても役に立つ。

「困ったときはあいつに相談」で大きくなった父の会社

情報は自分だけで持っていても仕方がない。適切なタイミングで相手に伝えることが大切だ。実際、私のグループのあるサービスは、情報から生まれた。

株式会社にちほホールディングスの主力事業は、電気設備の保守管理だが、大型トランス機器など電気まわりの設備機器の補償サービスも提供している。

このサービスのきっかけになったのが、今から数年前、日本に上陸した大型台風だった。強い雨と風が日本を襲い、関西地方も大きな被害を受けた。その際、取引先の工場の一つが稼働停止になってしまったのだ。理由は浸水による大型トランス機器の故障だった。

工場用などで使う大容量の大型トランス機器は生産量がそれほど多くないうえ、メーカーもそれほど在庫を抱えていない。平常時であれば、まだ何とかなったかもしれないが、このときは、同じような被害に遭ったあちこちの工場から問い合わせが来ていて、メーカーから「数カ月待ち」と言われた会社も多かったという。

そんな工場の一つから父のところに相談があった。

「300KVAのトランス機器なんて、持っていないよな?」と問い合わせてきたのだ。

「ありますよ」

在庫を確認した父はすぐに車を手配し工場へ届けた。数カ月の稼働停止を覚悟していたオーナーは、父に大変感謝し、「何かお礼がしたい」と申し出たそうだが、「うちは届けただけやから。それより、もっといいビジネスのヒントをもらいました」と言って受け取らなかった。

父は「お客様の高圧電気機器の在庫サービス」を行っている。「2万社の在庫を持つのは、ほとんど重複しているので思ったより少ない」と言っている。

新型コロナウイルスが流行したときも、国内でマスクが品切れになる前に、中国から20万枚のマスクを取り寄せていた。国内では転売でマスクが高騰するなか、それを取引先の2万社に無償で提供した。父は「買わせれば、相手はもっと高値で他の人に売るかもしれない」と言い、どうぞお使いくださいと差し出したのだ。これも、特に福祉や医療関係の取引先から、大変喜ばれた。

そんな付き合い方をしていると、「困ったときはあいつに相談しよう」ということになる。息子の私から見ても、とんでもない発想をする人だが、広い人脈でビジネスを成功させてきた秘訣は、そういう存在感を築いてきたことにあると思っている。

有名騎手で実業家！　新ビジネス創造のお手本はヤン・トップス氏

これから新しいビジネスを創造しようする私にとって、父と並んでお手本になるのがヤン・トップス氏だ。

1992年のバルセロナオリンピックで金メダルを獲った障害馬術の大先輩だが、ビジネスマンとしても世界を舞台に大活躍している。彼が持っているプライベートジェットは私にとって、密かな憧れの的だ。いつかは彼のように世界を飛び回っていろんな人をつなげていきたい。


ヤン氏がすごいのは新しいビジネスモデルを次々に生み出すところだ。

例えば、個人で競技を行うLGCTとは別に、「Global Champions League（グローバルチャンピオンズリーグ）」（通称・GCL）というのを立ち上げて、運営している。

「サッカーのW杯みたいなことを馬の世界でもやりたい」というのがヤン氏の発想で、各チームが国を超えて選手を獲得し、チームで点を競う。参加チームは現在「BERLIN　EAGLES」「HAMBURG　GIANTS」「NEW　YORK　EMPIRE」など全16チームある。

会場には、アリーナや観覧席の他に、各国の料理が食べられるレストランやオーナー企業や各国の事業家が商談のできる社交場もある。

カタールのアリ王子も「DOHA　FALCONS」というチームを結成して、このグローバルチャンピオンズリーグに参戦している。私も２０１９年から、このチーム の一員だ。日本人としては初の快挙だ。

いずれ日本人だけのチームを作りたいと考えている。そのためには、日本でもっと障害馬術の魅力を広めていかなければ。

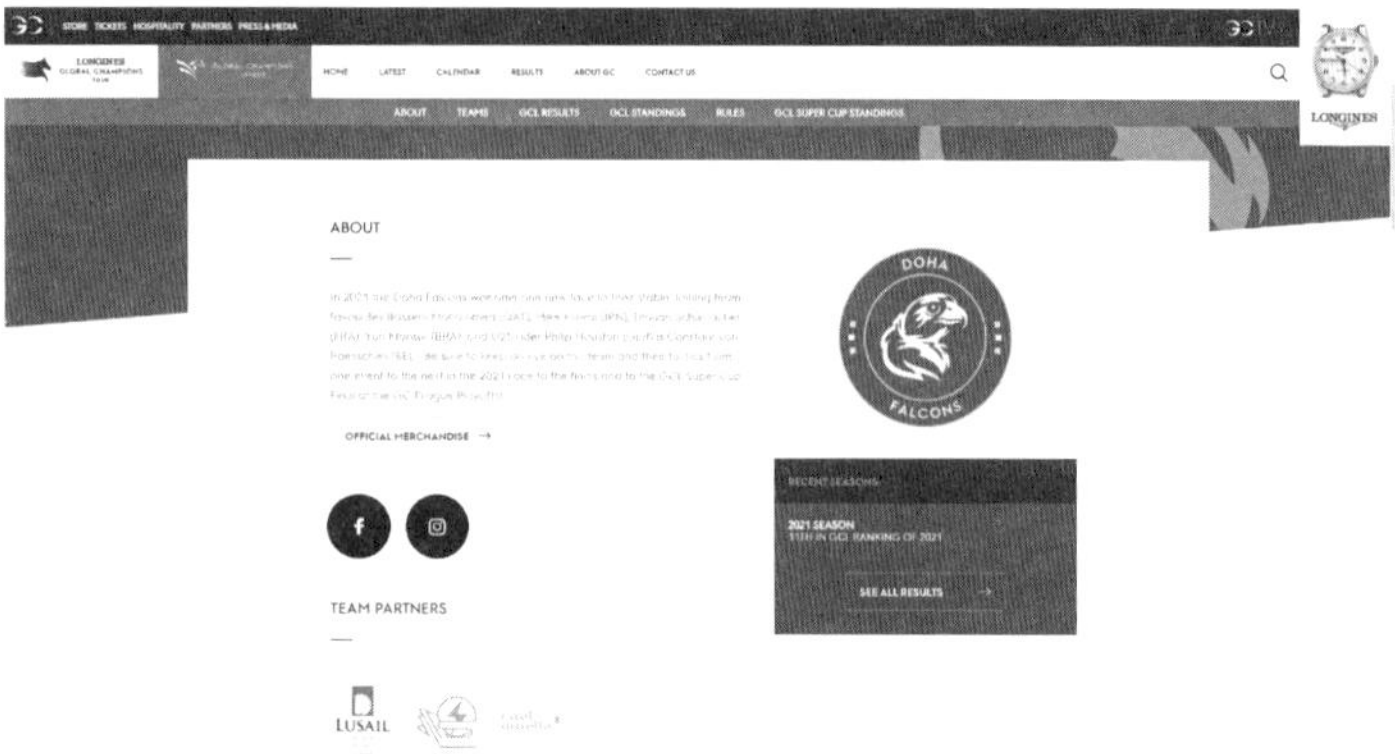

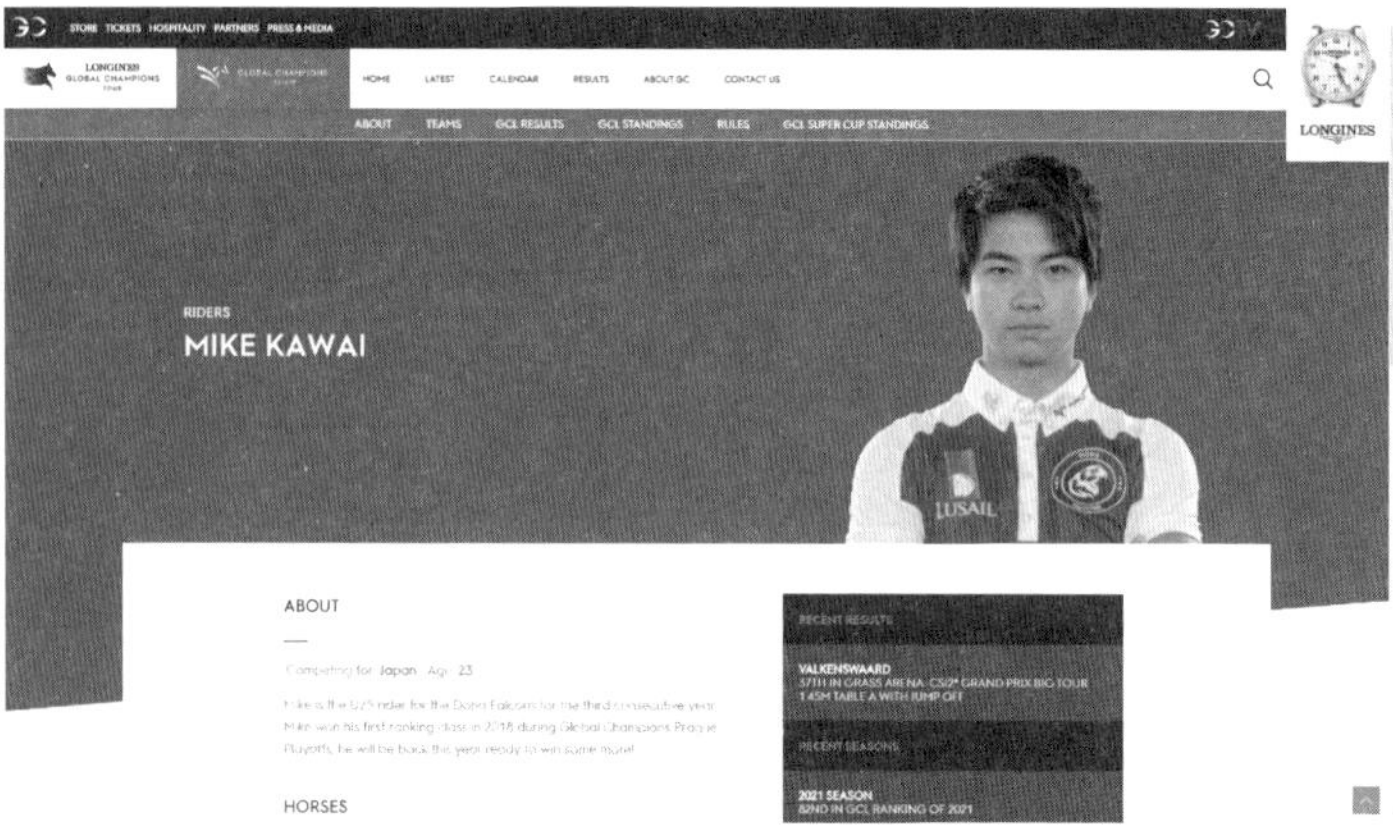

「DOHA FALCONS」の紹介ページ。
パートナーには、にちほグループのマークが並ぶ

第５章

障害馬術を武器に世界を駆ける！
新しいビジネスの種はどこにでも転がっている

1年延期で獲得した東京オリンピックへの切符

2020年、世界を新型コロナウイルスの脅威が襲った。各地でロックダウンや渡航禁止令が出され、東京オリンピックも1年の延期が決まった。異例の事態に多くの人が混乱に陥ったが、私個人にとっては開催が1年延期されたことは追い風になった。理由は主に2つある。

一つは単純に、その間に練習を積んで技術を伸ばせたこと。1年前に比べ、今ではより高い障害を安定して跳べるようになった。

障害馬術は経験が大きな力になるスポーツだ。国内のトップはほとんど、小学生や中学生の頃から馬に乗り続けている。ブランクが長かった私は彼らに比べて馬に乗った時間が全然足りなかった。だから、馬に乗れる時間が増えたことは東京オリンピックの日本代表選考には有利に働いたと思う。

もう一つは馬の年齢だ。人間と同じで、馬にも競技能力がピークになる年齢がある。もちろん、一定の期間は保たれるが、現役で活躍できる年数は短い。

私が東京で乗る予定の馬は2021年もピークを維持できる年齢だった。でも、世界のトップクラスといわれる選手のなかには、すでにピークを過ぎた馬に乗っている人もいる。そんな馬にとって、1年の延期は大きなハンディとなった。

東京オリンピックの選考は、これまでの公式大会での成績の総合評価と、指定大会での結果によって決まる。私が主戦場にしている「LGCT」も、FEI（国際馬術連盟）の認定大会だ。だから、2019年12月、リヤド（サウジアラビア）の4スターで優勝できたのは、大きなインパクトとなったはずだ。

2021年4月、選考会を兼ねた大会のリストが送られてきた。この大会に参加できるということは、第一関門を突破したということだ。その後、4～6月に開催される大会に出場した人のなかから上位4人が選出され、6月に開催される最終選考で代表3人とリザーブ（補欠）が決定する。

6月、福島大輔選手と佐藤英賢選手がオリンピック日本代表に決定。残る1枠は斎藤功貴選手と杉谷泰造選手で争われることとなった。

「LGCT」で4スターを跳べても、まだ日本代表にはなれないのか――。

自分の未熟さと日本の選手層の厚さを思い知らされた。

ところが、7月5日、思わぬ知らせが私のもとに届いた。

杉谷選手の馬に健康上の不安があるということで、私がリザーブに選出されたのだ。

「やった！」

杉谷選手は、私が小さい頃から第一線で活躍していた名騎手だ。「杉谷乗馬クラブ」ではいろいろとお世話になったし、今の杉谷選手の気持ちを思うと素直には喜べなかったが、それでも念願のオリンピックに参加できる。その事実は、私の心を高鳴らせた。

23歳は東京オリンピック馬術選手団で最年少という快挙だった。

初めてのオリンピック、魅了された日本選手たちの躍動

障害馬術の代表に選出された福島選手、佐藤選手、斎藤選手とは、これまでも、海外の大会で何度か顔を合わせたし、5月にチェコのプラハで開催された「ネーションズカップ」（国別団体戦）では、チームとしてともに戦った仲だ。福島選手は40代、佐藤選手、斎藤選手は30代と年は離れているが、ワンチームで頑張っていきたいと思った。


7月23日、東京オリンピック開幕――。

障害馬術の競技は、7月24日から馬場馬術、30日から総合馬術、8月3日から障害馬術という順番で行われた。2020年から続く新型コロナ禍で無観客での試合となったが、赤いジャケットに袖を通すと、誇らしい気持ちになった。高校を中退して日本を飛び出した私が、今はこうして「日本代表」の一員としてここに立っていると思うと、感慨深かった。

今回の東京オリンピックでは、開始早々にメダルラッシュが起こるなど、日本選手団の活躍には目覚ましいものがあった。馬術でも、総合馬術の戸本一真選手が4位入賞。次に控える障害馬術に勢いをつないだ。

8月3日、東京都世田谷区の馬事公苑で障害馬術の個人戦が始まった。設置される障害のデザインは、開催国の文化にちなんだものが使用されるのが通例だ。今回はダルマや力士、スカイツリー

右）日本馬術連盟でのプロフィール画像©日本馬術連盟／中西祐介
左）プラハで開催されたネーションズカップで日本チームのメンバーとして団体戦に出場（左から斎藤功貴選手、佐藤英賢〈えいけん〉選手、吉澤彩〈ひかり〉選手、福島大輔選手、私）。福島選手、佐藤選手、斎藤選手とはともに東京オリンピックに出場した

などをイメージした障害が並び、注目を集めた。

参加した3人の選手は全員が予選を通過。翌日行われた決勝で、福島選手は6位入賞を果たした。バロン・ニシ以来の快挙だった。団体戦では、残念ながら馬が足を負傷してしまい失権となったが、マイナースポーツの馬術の試合が全国に放送されたのは、今後の馬術界にとっても、私にとっても大きな意味があったと思う。

なぜなら、私は2025年の大阪・関西万博で馬術大会を開きたいと思っているからだ。

2021年８月、東京オリンピックで障害馬術の会場となった馬事公苑で。
グルームのシェリフと

2021年８月、東京オリンピックに向けての練習風景

パリ五輪、大阪・関西万博は経営者として飛躍する一大チャンス

オランダで障害馬術の修行を始めて5年が過ぎた。

言葉がまったく分からないし、1・2mの障害を跳ぶのがやっと。人脈はもちろん、知り合いすらいない……そんな状態からのスタートだった。

今は英語で苦労することはない。うまくいけば世界トップクラスの大会で優勝できるかもしれない障害馬術のスキルを持っているし、騎手仲間の人脈もできた。

そんな私にとって、次の目標は2024年にフランスで開催されるパリオリンピックへの出場。そして、2025年に地元、大阪で開催される「日本国際博覧会」（通称：大阪・関西万博）でのパビリオン出展だ。


まずはパリオリンピック。ヨーロッパは馬術の本場なので、試合に出場して好成績を残せたら大きなアピールとなる。顔や名前が売れれば、その後のビジネスに大きく役立つはずだ。今回の東京オリンピックではリザーブだったが、次こそは日本代表として試合に出場したい。

それに、現地の盛り上がりを見れば、日本での馬術人気ももっと高まるだろう。見た人を楽しませる騎乗ができるだけでも大きな価値があるはずだ。

そして、その翌年には大阪・関西万博が開かれる。オリンピックが私の騎手としての名前を売るチャンスなら、大阪・関西万博はにちほグループの名前を海外に向けて発信するまたとないチャンスだ。

障害馬術が世界でも戦えるレベルに近づき、人脈という面でも少しずつだが広がりを見せている。4年後には、騎手としても経営者としても、少しはましになっているはずだ。そのタイミングで大きなイベントが国内で開かれるのは、最高の巡り合わせかもしれない。だから、私は世界の次世代リーダーによるパビリオンの共同出展を目指している。

開催地の大阪は私の地元であり、にちほグループの拠点でもある。現在2万社ある顧客のなかにも、参加に興味を示している企業や団体は少なくない。まだ世界には知られていない、さまざまな技術やアイデアを私が紹介していくのだ。

世界の王族、2世社長で大阪・関西万博で世界の人々とパビリオンを展開

２０２５年に開催が予定されている大阪・関西万博のテーマは「いのち輝く未来社会のデザイン（Designing Future Society for Our Lives）」。公式ホームページによると、２０１５年の国連サミットで採択され、２０３０年の達成を目指し進められている「ＳＤＧｓ（持続可能な開発目標）」への貢献と、日本の国家戦略「Ｓｏｃｉｅｔｙ５・０」の実現を目指しているとある。

ＳＤＧｓは簡単に言えば、誰もが平等で安心して暮らせる社会を作ろうということだ。そのために必要なキーワードがサブテーマとして挙げられている。

①　救う（Saving Lives）――感染症への取り組み、健康寿命の延長
②　力を与える（Empowering Lives）――ＡＩやロボットを活用した教育や仕事
③　つなぐ（Connecting Lives）――異文化理解の促進、イノベーション創出

医療や福祉、食料品、スポーツなどの健康に関する企業や団体、化学や工学などのテクノロジーを持った企業、文化、教育関係者など、多くの企業にチャンスがある。

前回、日本で開催された２００５年の「愛・地球博」のときには、世界１２１カ国４国際機関が参加、２２００万人が来場したらしい。それだけの人や企業が集まれば、あらゆる条件がそろっているだろう。どんなものだって作れるし、どんなサービスだって提供できる。誰かがしっかりとプランを立てて旗を振れば、新しいビジネスやプロジェクトが、次々生まれるはずだ。

あるときは売り手になり、あるときは買い手になる。日本にないものは世界中に転がっているから、私が見つけてくる。あと４年――その頃には、日本も新型コロナウイルスに打ち勝って、かつての日常が戻っていると願いたい。

近年、地球環境を見直したり、人種差別や暴力を廃止したりしようという動きが、世界全体で広

がっている。そう思うと、大阪・関西万博のテーマは時代が求めるものとピッタリ合っている気がする。世界の人が、命の価値やそれを未来につなぐ新しい技術や考え方を大阪に持ち寄ってくれたら、きっと、すばらしい知恵が生まれるきっかけになると思う。

会社の顧客2万事業社と世界を結べ

父から受け継いだ会社で契約を結んでいる顧客は2万事業社に上る。

ものすごい数だが、もともと、父が電気設備の保守管理契約を1件1件集めてきた成果だ。

会社の地元には、関西電力の関連会社である「関西電気保安協会」という絶対的な存在がいる。関西の人なら10人に９人はＣＭソングを歌えるくらいの知名度だ。

なにしろ、関西では少し前まで電気は関電から買うしかなかったからだ。オフィスや工場、事業所などが必要とする保守管理も当然、その関係会社に依頼するのが普通だった。

そんな関西電気保安協会でも、保守管理サービスの契約者数は４万６０００件あまりだ。そんな数字を見ると、ゼロから始めて2万件まで積み上げた父のすごさを改めて感じる。

大阪で生まれ、二代目社長の私が世界に飛び出した会社としては、ぜひ、世界と日本の中小企業を結ぶ役割を万博でも果たしたいところだ。実は我が社には万博出展の貴重なノウハウがある。

１９９０年に大阪市鶴見区で開催された「国際花と緑の博覧会」にパビリオンを出展したことがあるのだ。厳密にはＢＩＥ（博覧会国際事務局）の「認定博覧会」ではなく、「登録博覧会」である。次の大阪・関西万博より規模は小さいが、それでも83カ国・55国際機関が参加、２０００万人以上の人が訪れた。

私が生まれる前の出来事だから、中心になったのは父だ。当時はまだ今よりかなり小さな会社だったけれど、地元での開催ということで窓口に直接出向いたら、「ぜひ出展してください」ということになったらしい。地元企業から参加を募っていたのだが、「お金がない」と断る企業が多かったのだ。結果、名乗りを上げたわが社は、「地元企業」ということで優先的に良い枠を提供してもらったらしい。

ただ当時、わが社も単独でパビリオンを出展するほどのお金は持っていなかった。そこで、考えたのが一緒に出展する企業を集めることだった。

「１００年先ののんびり村」というのが、そのとき出展したパビリオンの名前だ。

１９９０年にいながら１００年後の生活が体験できるというのがパビリオンのコンセプトだった。父は人脈を使ってブライダルデザイナーの桂由美さんやコンピューターソフトの開発会社、建設会社などに声を掛け、何とか資金をやりくりした。ファッションショーやロボット相撲など工夫を凝らしたイベントも開催したそうだが、父に言わせると「お金集めばかりに力を入れて失敗やった」とのことだった。

とはいえ、成果がなかったわけではない。「万博に出展した」ということで企業のイメージが上がったし、そこで築いた人脈や手に入れた情報は、その後のビジネスにも活かされた。そして、２０２５年の出展に役立つすばらしい知識を集めてくれたと思っている。

そのノウハウと国内外で培った人脈を活かしていければ、今回の出展も有利に進められるはずだ。

例えば、カタールのアリ王子はきっと関心を示してくれるはずだ。以前も「日本の新幹線がほしい」と言われたことがあったが、日本の高い技術はお互いの国の役に立つはずだ。

今、産油国は「石油のあと」を考えているといわれる。地球温暖化を防ぐため、世界ではCO_2の排出量を減らす「脱炭素化」が進んでいる。すると石油は売れなくなるし、そもそも、埋蔵量にだって限りがある。これまでのような石油の輸出で大きな利益が見込めなくなるという不安があるのだ。だから、今後の国の経済を支える技術や産業にはものすごく強い関心を持っている。そんな彼と一緒に万博で何かができたら、すごく面白いことになるという確信がある。

そのアイデアの一つが「障害馬術の大会」だ。華麗でエキサイティングな障害馬術の大会を開いて、それを観戦しながら各国の実業家と日本の企業が交流する。今、まさにヤン氏が行っていることを日本にも持ち込めないかと考えているのだ。もちろん、企業だけじゃなく、子どもたちにも観戦してほしい。「ＬＧＣＴ」の華やかな雰囲気を味わえば、騎手になりたいと思う子も増えるはずだ。

父は「中東の王子やビル・ゲイツの娘などの富豪の子弟を口説いて、一緒にパビリオンを立ち上げろ」などと言っている。夢みたいな話に聞こえるかもしれないけれど、話をすることはできるし、案外、興味を持つかもしれない。

日本から参加する中小企業は、これまで父が作ってくれた人脈を駆使すれば集められるだろう。あとは、私が海外で日本に行きたいという実業家や富裕層を見つけるだけだ。

いのち輝く未来社会のために、福祉・教育にも力を入れる

2025年の大阪・関西万博のテーマ「いのち輝く未来社会のデザイン」と聞いて思い出した場所がある。中学生のとき、父に連れられ訪れたミャンマーだ。

ミャンマーは敬虔な仏教徒が多い国だ。父が訪れた目的は、ミャンマーの若者を研修生として日本に呼ぶためだった。

父は総本山金剛寺というお寺の大僧正という肩書きを持っている。大阪郊外の山の奥にあるお寺で、前の住職から経営してほしいと頼まれたのだという。

そこで仏教関係者とつながりを持ち、ミャンマーで孤児院を経営している位の高いお坊さんから、「日本で孤児たちの働き口を見つけられないか」と相談を受けたのだ。

ミャンマーの孤児院で、子どもたちと

当時、ミャンマーは経済発展を進めている最中で、私が訪れた郊外の村には、冷蔵庫や電子レンジなどの家電がない家もたくさんあった。それまでも海外旅行はしていたが、ほとんどは観光旅行だったので、その国で暮らす人たちの生活に踏み込んだことがなかったし、経済格差の意味もあまり実感していなかった。

訪れた孤児院では、「貧しい」ということの意味を初めてまともに感じた。同じくらいの歳の子どもが送っている生活を間近で見たからだろう。食べるもの、着るもの、住む場所……すべてが私とはまったく違って見えた。食事は質素で量が少ない。着るものは清潔だけれど、あちこちすり切れていたり、サイズが合っていなかったりする。暑くてもエアコンもない。窓を開けていると舗装されていない道路の砂埃がどんどん入ってくる。

最初は「かわいそうだな」と感じたが、すぐに考えを改めた。子どもたちは皆、表情がとても明るく、いきいきしていたからだ。

彼らは皆親がいない子どもたちだった。それなのに、荒《すさ》んだ雰囲気なんてかけらもなく、僧侶たちや私と父など、目上の人にはとても礼儀正しかった。

その姿は「なんて幸せそうなんだろう」とうらやましくなるほどだった。

それまで私は良い学校に行って、お金を稼いだり、大きな家に住んだりすることを漠然と「幸せ」と感じていた。でも、世界にはいろんな国があって、そこに住む人たちによって「幸せ」の形もそれぞれに違う。経済的な優劣だけで幸せを語れないのかもしれない、となんとなく思ったのを覚えている。

だから、この本を執筆中の2021年2月、ミャンマーでクーデターが起きたときには、すごくショックを受けた。あの幸せそうに笑っていた子どもたちが犠牲になっていたらと思うと、何かしなければという気持ちになったが、何ができるのか分からなかった。今はただ、一日も早く事態が収まることを願うだけだ。

世界を巡って埋もれたニーズを掘り起こせ

海外に行ったことがない、という大人が日本には３割くらいいるようだ。もちろん、行かなければいけないという理由はない。日本は小さな国だが四季折々の自然が楽しめるし、観光名所や特産品もたくさんある。だから旅行だけなら国内で十分、という考えも分からなくはない。

ただビジネスは違う。これからビジネスを広げていきたいなら、海外に目を向けるべきだ。なにしろ、日本の人口は１・２億人だが、世界の人口は77億人だから、市場の規模が違う。

日本では当たり前になっている技術が、世界ではものすごく高く評価されることだってある。そのためにはニーズを掘り起こす活動が欠かせない。

たぶん、こういうことはやってみないと結果が見えない挑戦だと思う。受け継いだ会社には、経験に基づくそんな知識がものすごくたくさんある。

それに加えて、約２万社の顧客がいるから、ニーズがあればどんな仕事だってできるはずだ。

例えば、今すぐにとはいかないが、私のグループでは少しずつ社会福祉や教育にも力を入れ始めている。少子高齢化や核家族化で、助けを必要としている高齢者や子どもたちは多い。

まず、進めているのは、「杉谷乗馬クラブ」の近くに高齢者向け施設や保育園などを建設し、オリジナルのサービスを提供することだ。例えば、大僧正の父に依頼して戒名を無料で提供したり、馬を使ったホースセラピーが受けられるようにしたり。子どもたちには、すぐに世界で活躍できるよう、小さい頃から本場の英語を教えるのもよさそうだ。

ほかにも、近年、巨大台風などの災害が多い日本では、浸水や土砂崩れの被害が毎年のように起きている。今ある電気関係の機器の補償もそうだが、そもそもマンションなどでは変圧器などが、地下に置かれるケースがほとんどだ。それを、上層階など別の場所に移動するだけでも、浸水被害はなくせるんじゃないだろうか。

そんなヒントは、そこかしこに眠っている。

私はこれからも、その確信を胸に、世界を駆け回ろうと思う。

2021年５月、フランスのパリで開催された「LGCT」の様子

おわりに

「二代目って楽でいいね」

ビジネスの世界ではそんなふうに言われることが少なくない。

「傍《はた》から見るほど楽じゃないぞ」と言い返したいけど、誰が誰より楽をしているか、なんて言い合っても仕方がないので、そういうときは笑ってやり過ごすことにしている。

確かに、ゼロから事業を立ち上げた父に比べたら、私は苦労知らずだと思う。でも、中学や高校時代の同級生と比べたら、いろいろとつらい思いはしてきたつもりだ。

正直、日本に帰りたくなったことが何度かある。それでも、今まで頑張れたのはつらい思いより何倍もたくさん、ワクワクすることがあったからだ。

いちばんワクワクするのは、誰もやったことがないことにチャレンジしているときだ。


スポーツマンからビジネスマンに切り替えて成功した人は少なくない。私が所属するスタール・トップスのオーナーであるヤン・トップス氏はまさにその典型だ。

でも、最初からビジネスで成功するために、スポーツを始めたという人は珍しいんじゃないだろうか。

スポーツ一筋で打ち込んでいる人から見れば「ふざけるな」と言われるかもしれないが、障害馬術だって遊び半分でやっているわけではない。ここでしっかり記録を残さなければ、世界で人脈は築けない。

しかし、私は騎手である前に会社の代表取締役なのだ。私の行動が、社員やその家族、取引先にも影響する。

18歳で日本を飛び出したときには、正直、あまり実感がなかったが、この4年間、世界を転戦しながら障害馬術に打ち込むなかで、そのことを強く意識するようになった。

時々、父にはめられたかな、と思うこともある。普通の親なら、高校をサボり始めた息子に「学校なんてやめろ」とは言わないだろう。

人見知りしないし、誰とでもすぐに仲良くなれる。

けっこういい加減でルーズなところがある。

そんな私の長所や短所を最もよく理解している父だからこそ、「高校なんてやめて海外へ行け」と言ったのだと思う。

悔しいが、その策はピタリとはまったようだ。

2021年の東京オリンピックへの参加が実現し、その4年後には大阪・関西万博が開催される。障害馬術の選手としてもビジネスマンとしても成長した私にとって、これから最高のチャンスがやってくる。

背中を押してくれた――。いや、蹴り付けてくれた父の策に乗って、私はこれから世界と日本をつ

ヤギによる除草の様子。コストがかからず、エコな取り組みとして近年注目されている

なぐビジネスを本格的に進めていくつもりだ。

父は相変わらずトライを続けている。

例えば、「中東諸国では石油がなくなったり売れなくなったりしたあとのことを模索している」との情報を聞けば、太陽光発電や水素製造の技術を持っていけばいいのではないかとリサーチを始める。

確かに砂漠が多くて、滅多に雨が降らない気候なので、太陽光発電に適している。サウジアラビアではそんな発想で、何兆円という規模のプロジェクトが進められているらしい。

また、中国が太陽光発電パネルで圧倒的なシェアを誇っていると分かると、「中国産のパネルは品質が良くないかもしれないから、日本の保守管理サービスを提供することで、より長く利用できるようにするのだ」という。

あるいはこうだ。近年、日本では太陽光発電パネルの設置が進んでいるが、設置場所によっては雑草対策が大きな問題になっているという。むき出しの地面にパネルを設置すると、夏にはものすごい勢いで草が生えてくるのだ。

かといって、コンクリート舗装には費用がかかるので、なかなか手が出せない。そんな相談を受けた父は「ヤギを飼う」という方法を試している。燃料を使わず、雑草を食べるので餌代もかからない「エコ」な方法として、にわかに日本で注目を集めていたのだ。

話を聞くと、父は「きれいに草を食べてくれるから、ヤギは役に立つよ」と言ったが、「ただ、ヤギは高いところが好きなので、太陽光発電パネルの上に登って傷をつけてしまうかもしれないのが難点やな」と言って笑った。


そんな人を父に持ってしまったので、二代目は他人が思うほど楽じゃない。でも、尊敬する父が創り上げてきたものを守り、新たに発展させていく役割を任せてもらえるのだ。高い障害を初めて跳ぶときのような不安も感じるが、それ以上に胸が躍る。

だから、今の心境を一言で言うならこうだ。

「見てろよ、親父」

２０２１年11月

川合正育

【著者プロフィール】
川合正育（かわい・まいく）
1998年、大阪府生まれ。株式会社にちほホールディングス代表取締役。
株式会社にちほホールディングスの創業者で代表取締役会長の川合善大氏を父に持ち、幼少期から帝王学を学ぶ。2017年、19歳で代表取締役に就任。また、障害馬術騎手としても活躍。2019年12月にサウジアラビアで開催されたFEI（国際馬術連盟）ワールドカップの4スタークラスで優勝を果たすなど、将来を有望視される選手の1人。2021年に開催された東京オリンピックでは、障害馬術のリザーブとして選出された。2025年に開催される日本国際博覧会（大阪・関西万博）でのパビリオン出展を予定しており、「ワールドコネクション」をテーマに国際的なつながりを生む催しを企画中。

MIKEKAWAI_OFFICIAL

本書についての
ご意見・ご感想はコチラ

世界の実業家・中東の王子と
人脈を創れ！
タイムリミットは大阪万博まで！

2021年11月29日第1刷発行

著　者　　川合正育
発行人　　久保田貴幸

発行元　　株式会社 幻冬舎メディアコンサルティング
〒151-0051　東京都渋谷区千駄ヶ谷4-9-7
電話　03-5411-6440（編集）

発売元　　株式会社 幻冬舎
〒151-0051　東京都渋谷区千駄ヶ谷4-9-7
電話　03-5411-6222（営業）

印刷・製本　瞬報社写真印刷株式会社
装　丁　　株式会社 幻冬舎デザインプロ

検印廃止

Printed in Japan
ISBN 978-4-344-92623-3 C0093
幻冬舎メディアコンサルティングHP
http://www.gentosha-mc.com/